Superfoods for Life

FERMENTIERTE GETRÄNKE

Meg Thompson

Superfoods for Life

FERMENTIERTE GETRÄNKE

Mit 75 Rezepten für Ihr Immunsystem

Aus dem Amerikanischen von

Andrea Panster

HANS-NIETSCH-VERLAG

Titel der Originalausgabe: *Superfoods for Life: Cultured and Fermented Beverages*, erschienen bei *Fair Winds Press/Quarto Publishing Group*, Beverly/USA

Translation Rights arranged with *Quarto Publishing Group*, Beverly/USA

2. Auflage Januar 2020

Lektorat: Ulrike Oberländer
Korrektorat: Petra Zwerenz
Innenlayout: Megan Jones Design
Fotos: Glenn Scott Photography
Cover-Design: Kurt Liebig
Satz: Kurt Liebig, Sandra Roth

Hans-Nietsch-Verlag
Industriestraße 20
64380 Roßdorf

www.nietsch.de
info@nietsch.de

ISBN 978-3-86264-339-4

Widmung

Für Mat

INHALT

Inhalt

Einführung

Liebe Freunde der Fermentation,

es macht mich glücklich, mein Wissen über die gesundheitsfördernden Eigenschaften fermentierter Getränke hier weitergeben zu können.

Sie tun nicht nur dem Darm wohl und unterstützen die Verdauung, sondern haben noch viele weitere Talente: Sie steigern die Abwehrkräfte, unterstützen die Entgiftung und sind hilfreich für Schwangere, stillende Mütter und Kinder im Wachstum. Sie schenken eine strahlend schöne Haut und einen gesunden Geist. Darüber hinaus möchte ich Ihnen einige natürliche Stärkungsmittel zur Behandlung häufiger Beschwerden verraten. Das Beste daran ist: Sie können sie ganz einfach und preiswert zu Hause selbst herstellen!

Als ich mit meinen Recherchen begann, freute ich mich darauf, mein Wissen über fermentierte Getränke weiterzugeben. Ich war allerdings unsicher, wie viele wissenschaftliche Studien ich dazu finden würde. Es gab zwar einiges über Darmbakterien und Probiotika, aber ich hatte keine Ahnung, wie es bei fermentierten Getränken aussah. Deshalb war ich ganz begeistert, als ich Dutzende von Forschungsarbeiten über deren positive Wirkung fand – meist über Kombucha und Kefir. Die beiden sind die Stars der Szene und deshalb widme ich ihnen den meisten Platz. Unterschätzen Sie aber keinesfalls den Rote-Bete-Kwass oder das Rejuvelac aus gekeimtem Dinkel. Sie sind ebenso wichtig.

Los geht's: Wie Sie dieses Buch nutzen

Die Herstellung fermentierter Getränke mag anfangs etwas kompliziert erscheinen. Der Vorgang ist vielleicht nicht so aufregend wie beim Sauerteig oder so ruhig wie beim Miso, aber er ist spannend und macht Spaß. Sie müssen nur den richtigen Rhythmus finden. Schließlich ist es eine wahre Freude, das eigene Kurkuma-Bier zu „lüften" oder zu sehen, wie sich die ersten Gärbläschen bilden und damit zeigen, dass ein Getränk lebt. Manchmal fühlen Sie sich vielleicht sogar wie ein verrückter Wissenschaftler beim Experimentieren. Was die Herstellung dieser Getränke so vergnüglich macht? – Dass Sie ihnen eine persönliche Note geben können. Die Fermentation lehrt Vertrauen und Geduld. Wie wunderbar, wenn dies in unseren eigenen vier Wänden geschieht und uns erdet.

Haben Sie das gewusst?

Früher gehörten fermentierte Nahrungsmittel und Getränke zum Alltag. Erst die Erfindung des Kühlschranks und moderner Konservierungsmethoden machten die traditionelle Haltbarmachung von Lebensmitteln überflüssig. Dabei erhöht die Fermentation nicht nur die Haltbarkeit, sondern auch den Nährstoffgehalt. Ein bekanntes Beispiel für ihre Verwendung ist Captain James Cook, der seiner Mannschaft auf der Fahrt nach Australien Sauerkraut (vergorenen Kohl) zu essen gab, um sie vor der Vitamin-C-Mangelkrankheit Skorbut zu schützen. Durch die modernen Methoden der Lebensmittelkonservierung verringerte sich der Konsum fermentierter Produkte dramatisch. Gleichzeitig überschwemmen raffinierte Nahrungsmittel die westliche Welt. Eine ungute Entwicklung – vor allem für unseren Darm. Zahllose Erkrankungen lassen sich auch auf diese Unausgewogenheit zurückführen.

Zwei meiner absoluten Lieblingsgenussmittel sind fermentiert: Kaffee und Vanille. Die in der Kaffeebohne vorhandenen Enzyme zersetzen zusammen mit den Hefen und Bakterien aus der Umgebung die umhüllende Schleimschicht. Vanilleschoten sind die fermentierten und getrockneten Samenkapseln einer Orchideengattung.

Die Schokolade belegt einen knappen dritten Platz. Sie wird aus Kakaobohnen hergestellt, die nach der Ernte einige Tage unter Bananenblättern in Fässern vergoren werden. Was ich damit sagen möchte: Fermentation ist einfach fantastisch!

In diesem Buch beschäftige ich mich mit Bakterienstämmen und -arten, die lebend in Probiotika vorkommen. Experten zufolge lässt sich ihre Wirkung weder ableiten noch übertragen. Nehmen wir an, Forschungen hätten gezeigt, dass ein bestimmter Bakterienstamm Ekzeme lindert. Daraus lässt sich keinesfalls schließen, dass alle Probiotika hilfreich sind, sondern nur, dass sich ein bestimmter Stamm in einer Studie als wirksam erwiesen hat. Ich habe großen Respekt vor den aktuellen Forschungen und halte sie für nötig, um mehr über das Zusammenspiel von Körper und Bakterien zu erfahren. Dennoch empfinde ich diese Sicht der Dinge als eine gewisse Vereinfachung. Das Thema Probiotika kann verwirrend und auch teuer sein. Normale Verbraucher, die nur etwas für ihre Gesundheit tun möchten, sind schnell überfordert, wenn sie hören, dass sie für jedes Problem ein anderes Bakterium brauchen. Wenn wir einzelne Stämme isolieren, erfahren wir etwas über ihr Verhalten in Isolation. Was aber geschieht, wenn wir sie in vollwertigen Nahrungsmitteln zu uns nehmen? Da die meisten Menschen Probiotika in dieser Form zu sich nehmen sollten, zitiere ich lieber wissenschaftliche Artikel über Kefir und Kombucha, als mich auf bestimmte Bakterienstämme zu konzentrieren.

Es gibt verschiedene Möglichkeiten, fermentierte Getränke herzustellen: Die spontane Fermentation hat Sandor Katz, Autor des Buches *The Art of Fermentation*, populär gemacht. Dabei verlässt man sich auf Bakterien und Hefen, die in einem Nahrungsmittel oder seiner Umgebung natürlich vorkommen. Die zweite Methode ist der Ansatz mit einer Starterkultur wie einem Kombuchapilz, einem Tütchen Hefe, ein paar Kefirknollen oder Molke. Ich werde auf beide Möglichkeiten eingehen.

Ein letzter Hinweis: Obwohl dieses Buch Rezepte mit genauen Mengenangaben enthält, werden die Getränke jedes Mal ein wenig anders schmecken. Dies hängt vom Säuerungsgrad des verwendeten Gärgetränks ab. Spielen Sie ein wenig mit den Grundrezepten und -techniken, um sicherer zu werden und herauszubekommen, wie herb Ihre Getränke sein dürfen und wie lange sie dazu fermentieren müssen. Dann können Ihre Experimente beginnen!

KAPITEL 1

Fermentierte Getränke für eine gute Verdauung

Ein gesunder Darm ist das Fundament eines gesunden Körpers. Ist die Verdauung aus dem Gleichgewicht, drohen nicht nur Beschwerden in diesem Bereich, sondern Krankheiten im ganzen Körper.

Wie können fermentierte Getränke helfen? Indem sie ein gesundes Ökosystem im Darm fördern und gezielt die Darmfunktion verbessern. Ersetzt man Limonade zum Beispiel durch Kombucha, unterstützt man dadurch nicht nur die Verdauung. Der Tausch wirkt sich auch positiv auf Immunabwehr, Gewichtskontrolle, Energieniveau und sogar auf das emotionale Befinden aus.

Wie funktioniert die Verdauung?

Der Mund ist der Beginn des Verdauungstrakts mit Leber, Galle, Bauchspeicheldrüse und Darm. Alle diese Organe arbeiten Hand in Hand für das Wohl unseres Körpers. Der Verdauungsvorgang nimmt seinen Anfang, ehe wir den ersten Bissen in den Mund stecken. Ein köstlicher Geruch oder ein appetitlicher Anblick regt den Speichelfluss an und macht uns im wahrsten Sinne des Wortes den Mund wässrig. Der Speichelfluss wird vom Gehirn, genauer gesagt vom vegetativen Nervensystem gesteuert. Der Speichel enthält das wichtige Enzym Amylase zur Vorverdauung der Kohlehydrate.

Anschließend gelangt der Nahrungsbrei über die Speiseröhre in den Magen. Dort wird Magensäure ausgeschüttet, die zusammen mit Enzymen gewissermaßen der Gastgeber des Verdauungsfestes ist. Ohne sie kann die Party nicht steigen. Eine zu geringe Produktion von Magensäure und Enzymen führt nicht nur zu Problemen bei der Verdauung, sondern wird auch mit einer Reihe von Entzündungskrankheiten und Magen-Darm-Infektionen in Verbindung gebracht. Die Säure unterstützt den Proteinabbau, erhöht die Bioverfügbarkeit der Mineralstoffe und tötet schädliche Bakterien. Zu wenig Magensäure - oder Hypochlorhydrie – findet man häufiger als zu viel. Beschwerden wie Sodbrennen oder Reflux gehen für gewöhnlich eher auf eine Unter- als eine Überproduktion von Magensäure zurück.

Im nächsten Verdauungsschritt wird der Speisebrei in den Dünndarm weitergeschoben. Jetzt mischen auch die Verdauungssäfte von Bauchspeicheldrüse und Leber mit. Die Nahrung wird in einzelne Nährstoffe aufgespalten, die der Körper aufnehmen kann. Die Aufnahme dieser Nährstoffe findet im Dünndarm statt. Er ist etwa 2,5 Zentimeter dick und ungefähr 6 Meter lang. Sein Inneres ist von fingerförmigen Falten, den sogenannten Darmzotten, überzogen, auf denen die winzigen fadenähnlichen Mikrovilli sitzen. Das engmaschige Gewebe aus Darmzotten und Mikrovilli vergrößert die Oberfläche des Darms auf ungefähr 250 Quadratmeter – das ist etwa die Größe eines Tennisplatzes. Außerdem ist das gesamte Innere des Dünndarms von einer schützenden Schleimschicht überzogen. Nur korrekt aufgespaltene Nährstoffe überwinden diese Barriere und gelangen ins Blut.

Die Abfallprodukte des Verdauungsvorgangs passieren den Dickdarm und werden mit dem Stuhl ausgeschieden.

Das macht einen gesunden Darm aus: Bakterien!

Wussten Sie schon, dass ungefähr 2 Liter Bakterien den Verdauungstrakt auskleiden? Diese wunderbaren, fleißigen Mikroorganismen leben wohlbehütet in unserem Darm. Da ihre Zahl die der Körperzellen um das Zehnfache übersteigt, müssen wir sicherstellen, dass sie immer gut versorgt sind. Sie sind für die Gesundheit unseres Verdauungs-, Nerven- und Immunsystems unverzichtbar. Jeder Mensch verfügt von Geburt an über eine einzigartige Mischung aus Darmbakterien. Beim Geburtsvorgang nimmt jedes Kind im Geburtskanal eine Portion der mütterlichen Flora auf. Sie bildet den mikrobiellen Grundstock, der sich weiterentwickelt, während das Kind aufwächst. Im Laufe des Lebens nehmen wir weitere Mikroorganismen aus unserer Umgebung auf, um unsere ganz persönliche Darmflora zu vervollständigen.

Haben Sie das gewusst?

Der Ort, an dem wir leben, prägt die Zusammensetzung unserer Darmflora. Forschungen, die 2012 in der Fachzeitschrift *Nature* veröffentlicht wurden, zeigten, dass die Darmflora von Menschen in ländlichen Gebieten Westafrikas vielfältiger war und mehr ballaststoffliebende Bakterien enthielt als in weiter entwickelten Gegenden. Dort war die Darmflora der Bevölkerung deutlich weniger durchmischt; es dominierten kohlehydrat- und proteinliebende Bakterien. Dies verweist auf eine Ernährung, wie sie in den Industrienationen üblich ist: mit viel Fleisch und hohem Kohlehydratanteil. Normalerweise zeigen unsere Darmbakterien, dass sie sich an ihre Umgebung und die zugeführte Nahrung anpassen können. Wissenschaftler der *Stanford University* rieten dazu, die Einseitigkeit der westlichen Darmflora mit dem Verzehr fermentierter Nahrungsmittel (und Getränke) auszugleichen.

Unser Verdauungstrakt ist stets von Darmbakterien – der sogenannten Darmflora – bevölkert, die in Symbiose mit unserem Körper leben. Das hört sich nach einer großen, glücklichen Familie an, ist aber in Wirklichkeit eine hochgradig organisierte und streng kontrollierte Umgebung. Nimmt sie Schaden, kommt es zu Nahrungsmittelunverträglichkeiten, Mangelernährung und Krankheiten. Die moderne Gesellschaft ist übersättigt und zugleich unterernährt. Nahrung gibt es im Überfluss und doch enthält das, was wir essen, oft wenig Nährstoffe. Die Qualität unserer

Nahrung beeinflusst unsere Darmflora und unterstützt oder schwächt sie. Umgekehrt entscheidet auch die Qualität unserer Darmflora darüber, wie viele Nährstoffe wir aus der Nahrung aufnehmen können.

Dieses Gleichgewicht ist sehr empfindlich. Im Idealfall sollten die nützlichen Bakterien zahlenmäßig überwiegen. Problematisch wird es, wenn das Verhältnis zugunsten der schädlichen Bakterien kippt.

Darmbakterien lassen sich in drei Gruppen einteilen:

- *Nützliche Bakterien.* Sie machen beim gesunden Menschen den größten Anteil aus und sind für unsere Gesundheit unentbehrlich. Dazu gehören die Stars der Bakterienwelt: die Bifidobakterien und Laktobazillen, aber auch Propionibakterien und nützliche Stämme von *Escherichia coli*, Streptokokken und Enterokokken.
- *Opportunistische Bakterien.* Sie werden beim gesunden Menschen streng im Zaum gehalten. Wird ihr Wachstum nicht gebremst, können sie Krankheiten verursachen. Zu den Übeltätern gehören unter anderem Bacteroides, Staphylokokken, Streptokokken, Clostridien und Hefen (die zu den Pilzen zählen). Bislang sind etwa fünfhundert Arten bekannt, die in individueller Mischung vorliegen.
- *Übergangsbakterien.* Diese Mikroorganismen ziehen wie Touristen durch den Darm, solange er durch nützliche Bakterien geschützt wird. Ist er jedoch geschädigt oder das bakterielle Gleichgewicht gestört, können sie Ärger verursachen.

Wofür sind nützliche Darmbakterien zuständig?

Unsere Darmbakterien arbeiten schwer für Kost und Logis! Sie kleiden den gesamten Verdauungstrakt aus. Diese Bakterienschicht wirkt wie eine Schutzbarriere, das sich zwischen unsere Darmzellen (Enterozyten) und den Nahrungsbrei stellt. Ist diese Gemeinschaft nicht gesund, kann es zu einer Unterversorgung der Darmschleimhaut kommen. Denn ihr Wohlergehen hängt zum großen Teil (bis zu 70 Prozent) von den Bakterien ab, wie Dr. Natasha Campbell-McBride schreibt. Mit der Zeit wird die Darmschleimhaut beschädigt und die Nahrung wird nicht mehr richtig verdaut. Der Darm verliert seine Unversehrtheit – er wird löchrig und entlässt unvollständig verdaute Proteine und andere Substanzen ins Blut. Das Immunsystem erkennt die teilverdauten Proteine nicht als Nahrung, sondern hält sie für Eindringlinge und greift sie an. Es entsteht eine leichte Entzündung, die chronische Erkrankungen oder ein metabolisches Syndrom verursachen kann. Ein Darm mit einer gesunden Bakterienschicht ist engmaschig, kann die benötigten Nährstoffe hindurchlassen – und schädlichen Substanzen den Zutritt in die Blutbahnen verwehren.

Darmbakterien erzeugen kurzkettige Fettsäuren, die der Körper zur Regulierung des Cholesterinstoffwechsels, zur Hormonproduktion sowie zur Steuerung des programmierten Zelltods, der sogenannten Apoptose verwenden kann. Das gesunde Wachstum von Darmzellen wird gefördert, die Entstehung von Polypen oder Erkrankungen wie Krebs erschwert. Die Produktion dieser Säuren und ihrer Nebenprodukte trägt auch dadurch zur Darmgesundheit bei, dass sie für ein saures Milieu sorgt. Anders als im übrigen Körper ist dies im Darm günstig. Es entzieht schädlichen Bakterien den Nährboden, bremst ihr Wachstum und ihre Aktivität.

WAS SIE ÜBER DARMZELLEN WISSEN MÜSSEN

Unsere Darmzellen, auch Enterozyten genannt, sind hoch spezialisiert und unglaublich fleißig. Sie arbeiten so hart, dass sie nur zwei bis drei Tage überleben. Nach dieser Zeit sind sie so mitgenommen, dass sie abgestoßen werden. Brandneue Enterozyten treten an ihre Stelle und der Kreislauf geht weiter. Damit dieser Prozess reibungslos abläuft, benötigen sie die richtigen Nährstoffe wie gute Fette und Vitamine für ihre Teilung sowie einen gesunden Darm mit einer gesunden Flora.

Der regelmäßige Verzehr fermentierter Getränke trägt unmittelbar zum Erhalt der Darmgesundheit bei. Zahlreiche Studien mit Tieren belegen: Wenn man den Verdauungstrakt „sterilisiert“ und alle Bakterien entfernt, gerät der ganze Zyklus durcheinander. Die Zellerneuerung wird unterbrochen, dauert länger und verläuft nicht normal. Es entstehen kranke, bösartige Zellen. Daraus lässt sich ableiten, dass die Darmflora auch für die menschliche Gesundheit unverzichtbar ist.

Wie Dr. Campbell-McBride berichtet, erzeugen unsere Darmbakterien antibiotikaähnliche Substanzen, die Pilze und Viren bekämpfen. Außerdem könnten sie die von Krankheitserregern erzeugten Giftstoffe neutralisieren und Vitamin K_2, Aminosäuren und B-Vitamine wie B_1, B_2, B_3, B_5, B_6, Folsäure und B_{12} bilden. Warum ist das wichtig? Da Vitamine im Körper schon nach kurzer Zeit zerfallen, wird es immer Knappheitsphasen geben. Unsere Darmbakterien aber gewährleisten eine stete Vitaminzufuhr – vorausgesetzt, sie sind gesund. Ohne eine gesunde Darmflora ist die ausreichende Aufnahme von Vitaminen und Mineralstoffen nicht gewährleistet, sodass Mangelerscheinungen die Folge sein können.

Die ungehinderte Ausbreitung schädlicher Darmbakterien beeinträchtigt insbesondere die Zufuhr des Spurenelements Eisen. Die krankheitserregenden Bakterien lieben und verbrauchen es, ehe es unserem eigenen Körper nützen könnte. Durch die zusätzliche Einnahme von Eisen werden sie auch noch gefüttert, das eigentliche Problem aber bleibt ungelöst. Wenn Sie unter Eisenmangel oder Blutarmut leiden, ist es also besonders wichtig, dass Sie das Gleichgewicht im Darm wiederherstellen.

Woran erkennen Sie ein Ungleichgewicht im Darm?

Leider kann vieles diese Symbiose stören. Die Einnahme von Antibiotika, Antibabypille, Drogen, bestimmten Medikamenten, der Verzehr von Alkohol, Kaffee, eine schlechte Ernährung und Stress können einer gesunden Darmflora zusetzen. Symptome wie Blähungen, Bauchschmerzen, Verdauungsstörungen, Verstopfung, Durchfall, eine juckende Scheide oder Ausfluss, aber auch Reizdarmsyndrom, eine erhöhte Durchlässigkeit des Darms, Nahrungsmittelunverträglichkeiten, Zöliakie und Candida-Infektionen können darauf hinweisen.

Justin Sonnenburg, Mikrobiologe an der *Stanford University*, glaubt, dass Ballaststoffmangel und industriell verarbeitete Nahrungsmittel unsere Darmflora schädigen können. In der Zeitschrift *Nature* veröffentlichte er 2012 einen Artikel, in dem er erklärte, dass unsere Darmbakterien sich nur schwer an eine hochkalorische Kost gewöhnen könnten. Da der Großteil unserer Nahrung keinerlei nützliche Bakterien enthält, geht die Artenvielfalt im Darm zurück. Mit dem regelmäßigen Verzehr fermentierter Getränke können wir die reichhaltige Vielfalt an Darmbakterien unterstützen.

Fermentierte Getränke für einen gesunden Darm – ein Ökosystem zum Wohlfühlen!

Mit fermentierten Getränken und Nahrungsmitteln lässt sich der Darm wunderbar ins Gleichgewicht bringen. Ein großer Teil der Darmbakterien ist nur auf der Durchreise: Sie werden aufgenommen, erledigen ihre Arbeit und werden wieder ausgeschieden. Aus diesem Grund können wir mit täglichen Gaben am meisten für unsere Darmflora tun.

Wie fermentierte Getränke die Verdauung unterstützen

Fermentierte Getränke unterstützen nicht nur das Ökosystem Darm, sie verbessern auch gezielt die Verdauungsfunktion. Mit ihrem leicht säuerlichen Geschmack regen sie die Produktion des Speichels und der Verdauungssäfte an.

Im Allgemeinen sind der saure und der bittere Geschmack nicht sonderlich beliebt; es zieht uns eher zu Süßem und Salzigem. Dennoch wird saurer und bitterer Geschmack traditionell dazu benutzt, eine gesunde Verdauung zu fördern. In vielen, vor allem europäischen Ländern ist es immer noch üblich, vor den Mahlzeiten einen Aperitif oder nach dem Essen einen Digestif zu trinken, etwa einen Wermut oder einen Kräuterlikör, die den Appetit anregen und die Verdauung unterstützen.

Im Übrigen enthalten auch alle fermentierten Getränke unterschiedliche Mengen Alkohol. Der Anteil ist sehr gering und liegt bei etwa 0,5 Volumenprozent, sodass sie als alkoholfrei bezeichnet werden dürfen. Er kann sich erhöhen, wenn man unverdünnte Fruchtsäfte fermentiert oder mit den Rezepten für Honigmet auf den Seiten 170 ff. arbeitet, bei denen die Gärzeiten länger sind.

In der traditionellen chinesischen Medizin sind sauer und bitter wesentliche Elemente des Geschmacks. Bitterstoffe sind kühlend und helfen, Entzündungen zu lindern. In seinem Buch *Healing with Whole Foods* erklärt Paul Pitchford, Bitterstoffe würden Darmtätigkeit und Leberfunktion anregen und Verstopfung beseitigen.

Viele traditionelle und moderne Kräuterkundler konnten belegen, dass der bittere Geschmack die Verdauungssäfte stimuliert. Er wird von Geschmacksrezeptoren auf der Zunge erkannt, die dann eine neuronale und hormonelle Kettenreaktion in Gang setzen. Damit wird die Produktion der Verdauungssäfte wie der Magensäure und der Enzyme der Bauchspeicheldrüse angekurbelt.

Eine 1997 in der Zeitschrift *Gut* erschienene Studie zeigt, dass fermentierte Getränke die Magensaftproduktion auf direktem und indirektem Wege durch die Ausschüttung des Hormons Gastrin stimulieren. Gastrin ist auch an der Produktion von Galle und Enzymen der Bauchspeicheldrüse beteiligt. Ausgelöst wird dieser Prozess durch die Stimulation unserer Bitterrezeptoren. Im Jahr 1999 erschien in der Zeitschrift *Journal of Clinical Investigation* eine weitere Untersuchung, die dies insbesondere auf die Maleinsäure und Bernsteinsäure in fermentierten Getränken zurückführt.

Probiotika und fermentierte Getränke werden traditionell zur Behandlung von Verdauungsbeschwerden eingesetzt, zum Beispiel bei Reizdarmsyndrom, Verstopfung, Durchfall, Laktoseintoleranz, erhöhter Durchlässigkeit des Darms (dem sogenannten Leaky-Gut-Syndrom, einer Schädigung der Darmschleimhaut, bei der Stoffe ins Blut gelangen, die einen gesunden Darm niemals passieren könnten), Candida-Infektion, Dysbiose (Störung der Darmflora) und Magen-Darm-Infektionen.

Laut einer 2012 in der Zeitschrift *Neurogastroenterology and Motility* veröffentlichten französischen Studie verhinderten fermentierte Milchgetränke Bauchschmerzen und schützten bei Reizdarmpatienten mit Verstopfung die Barrierefunktion des Darms. Eine 2009 in der Zeitschrift *Alimentary Pharmacology and Therapeutics* erschienene Untersuchung verzeichnete eine Besserung der Blähungen bei Reizdarmpatienten, wenn sie fermentierte Milchgetränke zu sich nahmen.

Kefir: der Champagner der Milch

An erster Stelle möchte ich den Kefir vorstellen. Er wird mithilfe gallertartiger Klümpchen, sogenannter Kefirknollen oder Kefirkörner hergestellt, die eine gewisse Ähnlichkeit mit Blumenkohlröschen haben. Aber wie immer kommt es auf die inneren Werte an. Die knolligen Klumpen bestehen aus einer Vielzahl verschiedener Bakterien und Hefen. Sie können sich unter den richtigen Bedingungen unendlich vermehren. Die Kefirknolle ist eine symbiotische Gemeinschaft von ungefähr dreißig verschiedenen Mikroorganismen, die mit jedem Ansatz weiter wächst. Den größten Anteil haben verschiedene Laktobazillen, dazu kommen nützliche Streptokokken-Stämme, einige *Leuconostoc*-Arten, verschiedene hilfreiche Hefen und *Acetobacter*-Arten. Eine Studie, die im Jahr 2006 in der

HILFE BEI LAKTOSEINTOLERANZ

Fermentierte Milchgetränke wie Kefir können Laktoseintoleranz lindern. Darmbakterien, allen voran ein nützlicher Stamm von *Escherichia coli*, helfen bei der Verdauung des Milchzuckers. Obwohl diese Bakterien üblicherweise mit Lebensmittelvergiftungen in Verbindung gebracht werden, leben einige Stämme zufrieden in einem gesunden Darm. Sie produzieren Vitamin K_2 und hindern krankmachende Bakterien daran, sich einzunisten. Laut Dr. Natasha Campbell-McBride gedeihen nützliche *Escherichia coli*-Stämme im kindlichen Darm, bis Antibiotika oder andere Gifte sie vernichten. Der Fermentationsprozess reduziert den Laktosegehalt der Milch, da die Bakterien den Milchzucker verzehren. Im Jahr 2003 berichtete das *Journal of the American Dietetic Association* von Forschungen, wonach Kefir die Laktosetoleranz verbessert.

Fermentierte Getränke schützen und nähren die Darmzellen. Im Jahr 2013 veröffentlichte das *Biological and Pharmacological Bulletin* eine Studie über die Schutzwirkung von Kefir bei Strahlentherapie. Wie diese Forschungen zeigten, schützt er den Darm und fördert die Zellerneuerung. Hoffentlich sorgen weitere Untersuchungen dafür, dass noch mehr Gesundheitsexperten diese Information an Patienten weitergeben, die sich einer Strahlentherapie unterziehen müssen.

Zeitschrift *International Journal of Food Microbiology* erschien, nennt weitere Produkte des Gärprozesses, unter anderem Milchsäure, Essigsäure, Brenztraubensäure und weitere Säuren.

Es ist wunderbar, wie Kefirkulturen verschiedene Flüssigkeiten in gesunde Getränke verwandeln. Sobald die Knollen mit Milch in Berührung kommen, beginnen sie mit dem Verzehr des enthaltenen Zuckers (Laktose) und zwar so lange, bis nichts mehr davon übrig ist. Dabei entstehen Abbauprodukte wie die Milchsäure mit eigenen wohltuenden Wirkungen, auf die wir später eingehen werden.

Das Endergebnis ähnelt einem Trinkjoghurt. Es schmeckt nur etwas säuerlicher, enthält deutlich mehr Bakterien und ist sehr viel gesünder.

Die wohltuenden Wirkungen des Kefirs

Der verzehrte Kefir überzieht die Darmwand mit einer dünnen Schleimschicht. Normalerweise ist Schleim bei der Verdauung unerwünscht, in diesem Fall aber bildet er einen Nährboden für die Besiedelung mit nützlichen Bakterien. Wenn wir weitere Probiotika (etwa in Form fermentierter Getränke) zu uns nehmen, kann diese Schleimschicht umso leichter in unserem Verdauungstrakt heimisch werden, wie Donna Gates in ihrem Buch *The Body Ecology Diet* erklärt. Eine weitere, im Jahr 2012 von der Zeitschrift *Annals of Nutrition and Metabolism* veröffentlichte Studie zeigt, dass sich besonders Kefirbakterien der Art *Lactobacillus plantarum* an die Darmwand heften und so Schutz vor krankmachenden Bakterien bieten können.

Doch damit nicht genug. Kefir ist sowohl Prä- als auch Probiotikum. Präbiotika sind unverdauliche Kohlehydrate, die Bakterien als Nahrung dienen und ihr Wachstum fördern. Sie sind unter anderem in roher Zichorienwurzel, Topinambur, rohem Lauch und Knoblauch, rohen und gekochten Zwiebeln, Löwenzahnblättern und Bananen enthalten. In fermentierten Milchprodukten wie Kefir arbeiten Prä- und Probiotika Hand in Hand. Sie fallen deshalb in die Kategorie der Synbiotika. Diese enthalten sowohl Bakterien als auch die Substanzen, die sie zum Überleben brauchen.

Kefir liefert Kalzium, Kalium, Phosphor, Magnesium, Zink, Mangan und Molybdän. Bei der Fermentation entstehen B-Vitamine wie B_6, B_{12}, Folat und Biotin. Mit seinem hohen Vitamin- und Mineralstoffgehalt unterstützt Kefir die Verdauung, indem er Nährstoffe bereitstellt, die zur Produktion der Verdauungssäfte und für zahllose weitere Abläufe im Körper unverzichtbar sind.

Damit die Bakterien gut arbeiten können, müssen sie auf ihrer Reise durch den Verdauungstrakt die Angriffe von Magensäure, Gallensalzen und Enzymen überstehen. Ihre Widerstandskraft ist unterschiedlich stark ausgeprägt. Kefir ist in der Lage, sie vor diesen Substanzen zu schützen. Eine 2009 in der Zeitschrift *Food Microbiology* erschienene Studie zeigte, dass Kefir Milchsäurebakterien einen besonderen Schutz verlieh. Er erhöhte ihre Säurebeständigkeit und förderte ihre Anhaftung an die Darmschleimhaut. Er fungierte gewissermaßen als Ritterrüstung aus Klettband, die schützt und haftet.

Fantastisch ist auch der antibakterielle Effekt von Kefir. Mehrere Studien berichten von seiner hemmenden Wirkung auf *Listeria monocytogenes* (*Journal of Applied Microbiology*, 2003), *Listeria innocua* (*Journal of Applied Microbiology*, 2000),

Salmonella Enteritidis (*International Journal of Food Microbiology*, 2007), *Staphylococcus aureus*, *Bacillus cereus*, *Escherichia coli* (*Turkish Microbiological Society*, 2007) und *Candida albicans* (*Brazilian Journal of Microbiology*, 2009). Sie beruht auf den organischen Säuren, die bei der Fermentation entstehen, und beugt Magen-Darm-Problemen und Scheideninfektionen vor.

Kefir herstellen

Kefir wird traditionell mit Kefirknollen angesetzt, aber es ist auch ein Ferment zur Kefirherstellung erhältlich. Dieses Pulver aus dem Labor enthält deutlich weniger Bakterienstämme als traditionell angesetzter Kefir – etwa acht. Ein weiterer Nachteil des Kefirferments ist, dass es fast keine Hefen enthält. Da das gesamte Spektrum der Mikroorganismen von Kefir unbekannt ist, lässt es sich auch nicht in pulverisierter Form herstellen. Kefirferment ist jedoch eine gute Möglichkeit für alle, die nur gelegentlich Kefir herstellen möchten, und es eignet sich besser zur Fermentation von veganer Milch.

Sie haben die Wahl. In diesem Buch werden wir ausschließlich mit Kefirknollen arbeiten. Sie sind übrigens glutenfrei. Mit Kefirknollen lassen sich verschiedene Flüssigkeiten fermentieren, traditionell werden sie jedoch mit Kuhmilch angesetzt. Ich empfehle die Verwendung von Bio-Milch. Der Ansatz mit H-Milch oder ultrahocherhitzter Milch eignet sich weniger zur Fermentation, da sie einen Sterilisationsprozess durchlaufen hat. Werfen Sie beim Kauf also stets einen Blick auf das Etikett.

Kefir lässt sich nicht nur aus roher und pasteurisierter Kuhmilch, sondern auch aus Ziegenmilch, Schafsmilch und Kokosmilch herstellen. Bei der Verwendung von veganer Milch erzielen Sie die besten Ergebnisse, wenn sich Ihre Kefirknollen nach einigen Ansätzen in tierischer Milch erholen können.

Grundrezept Milchkefir

Die Herstellung von Milchkefir ist ganz einfach. Sobald Sie den Bogen raus haben, können Sie nach Lust und Laune experimentieren. Genießen Sie Kefir pur oder in Smoothies, Dressings und Desserts.

240 ml Milch
1½ TL Kefirknollen

Außerdem benötigen Sie:
ein Glasgefäß (ohne Deckel)
ein Schraubdeckelglas zur Aufbewahrung
ein kleines Mulltuch oder etwas Küchenkrepp
ein Gummiband
ein engmaschiges Kunststoffsieb

Milch und Kefirknollen in das Glasgefäß geben. Mulltuch darüber breiten und mit Gummiband fixieren. Ansatz bei Zimmertemperatur 12 bis 24 Stunden reifen lassen. Die Gärdauer richtet sich nach der Umgebungstemperatur und dem gewünschten Säuerungsgrad und kann bis zu 48 Stunden dauern. Mit gelegentlichen Kostproben entwickeln Sie ein Gespür für den Geschmack in den verschiedenen Fermentationsstadien. Je länger der Kefir reift, desto säuerlicher wird er und desto geringer ist sein Zuckergehalt, da der Milchzucker den Knollen als Nahrung dient.

Kefir durch das Kunststoffsieb in das Schraubdeckelglas gießen und verschließen. Nun können Sie den Kefir schon genießen oder in anderen Rezepten weiterverarbeiten. Im Kühlschrank ist er ungefähr eine Woche haltbar. Vor dem Genuss testen: Er sollte weder verdorben noch ranzig riechen.

Die Kefirknollen aus dem Sieb in ein frisches Glasgefäß geben und erneut ansetzen. Kefirknollen vermehren sich so schnell, dass sie im Laufe eines Monats auf das Doppelte anwachsen können. Wenn sie groß genug sind oder ein Urlaub bevorsteht und niemand die Knollen mit frischer Milch versorgen kann, gibt man sie in ein Glas, bedeckt sie mit Milch, verschließt es und stellt es in den Kühlschrank. Die Kälte verlangsamt den Fermentationsprozess und die Kefirknollen lassen sich auf diese Weise mehrere Wochen lagern. Den Vorgang bei Bedarf wiederholen oder die Kefirknollen trocknen – siehe „Häufig gestellte Fragen", Seite 178 ff.

Mit Kefirknollen sind unbegrenzt viele Ansätze möglich. Wenn der Kefir zu lange reift, kann sich Molke absetzen. In diesem Fall kann man ihn einfach glattrühren und trinken, sofern er weder verdorben noch ranzig riecht. Wer dies verhindern möchte, lässt den nächsten Ansatz nicht mehr so lange reifen.

Ergibt: 1 Portion (ca. 240 Milliliter)

Was ist Wasserkefir (Japankristalle)?

Während man mit Kefirknollen Milch und Kokosmilch fermentieren kann, lassen sich mit Kefirkristallen – auch Japankristalle oder Tibicos genannt – Wasser, Kokoswasser oder Saft vergären. Die Grundidee ist, die Kultur mit Zuckerwasser anzusetzen, da Wasser im Gegensatz zu Milch keine Laktose enthält.

Sie können dazu verschiedene Arten von Zucker verwenden. Ich empfehle Rapadura oder einen anderen unraffinierten Vollrohrzucker. Die enthaltenen Mineralstoffe halten den Kefir gesund. Falls Sie keinen Vollrohrzucker bekommen, können Sie auch handelsüblichen Haushaltszucker nehmen (oder verschiedene Sorten mischen). Greifen Sie grundsätzlich zu Bioprodukten.

Am besten wäre es, Gärgetränke mit Quellwasser anzusetzen, denn das im Leitungswasser enthaltene Chlor kann die Kefirkristalle im Laufe der Zeit schädigen. Doch bei kleineren Mengen spielt das keine Rolle. Kochen Sie das Leitungswasser ab, um das Chlor zu entfernen, und lassen Sie es vor der Verwendung vollständig abkühlen. Sie können das Leitungswasser auch 12 Stunden offen stehen lassen, bis sich das Chlor verflüchtigt hat.

Grundrezept Wasserkefir

480 ml Wasser

2 EL Vollrohrzucker (am besten Rapadura)

2 EL Wasserkefirkristalle

Außerdem benötigen Sie:

ein Glasgefäß (ohne Deckel)

ein Schraubdeckelglas zur Aufbewahrung

ein kleines Mulltuch oder etwas Küchenkrepp

ein Gummiband

ein engmaschiges Kunststoffsieb

Wasser im Topf zum Kochen bringen, dann vom Herd nehmen und den Zucker darin auflösen. Vollständig abkühlen lassen, da die Hitze den nützlichen Bakterien schadet.

Wasser-Zucker-Mischung mit den Kefirkristallen in das offene Glasgefäß geben.

Mulltuch darüber breiten und mit Gummiband fixieren. Ansatz bei Zimmertemperatur 48 Stunden reifen lassen. Dabei können sich Bläschen bilden. Der Kefir trübt ein und schmeckt nicht mehr so süß wie die anfängliche Mischung. Kefir durch das Kunststoffsieb in das Schraubdeckelglas gießen. Das Glas dabei nur bis maximal 2,5 Zentimeter unter dem Rand füllen. Der Kefir ist nun trinkfertig oder kann für weitere Rezepte in diesem Buch verwendet werden. Ich empfehle Letzteres, da reiner Wasserkefir geschmacklich eher neutral ist.

Für die zweite Gärung können Sie beliebige Geschmacksträger wie frisches oder getrocknetes Obst, Kräuter, Gewürze oder Fruchtsäfte zusetzen. Die Rezepte in diesem Buch sollen nur der Inspiration dienen – experimentieren Sie selbst! Den Kefir nach Zugabe der gewünschten Geschmacksträger 1 bis 3 Tage weiter fermentieren. Die durchschnittliche Gärdauer liegt bei 2 Tagen, hängt aber von der Umgebungstemperatur ab. Je länger die Mischung reift, desto säuerlicher ist das Ergebnis. Den Kefir nach der zweiten Fermentation in einem luftdichten Gefäß im Kühlschrank aufbewahren und innerhalb eines Monats verbrauchen.

Die Kefirkristalle aus dem Sieb in ein frisches Gefäß geben und erneut ansetzen.

Kefirkristalle sind lebendig. Deshalb sollten sie nach einigen Ansätzen mit einer Extraportion Nährstoffe in Form von ¼ Teelöffel Melasse, einem Stück Bio-Trockenobst (Feigen sind gut geeignet) und einer Scheibe Bio-Zitrone (nicht quetschen) gefüttert werden. So bekommen sie die Vitamine und Mineralstoffe, die sie brauchen, um gesund zu sein. Eine halbe sterilisierte Eierschale hat dank ihres Mineralstoffgehalts eine ähnliche Wirkung. Dazu ein rohes Ei aufschlagen und den Inhalt aufbewahren. Schale einige Minuten in einem kleinen Topf in Wasser auskochen, in den nächsten Ansatz geben und danach entsorgen.

Ergibt: 2 Portionen (ca. 480 Milliliter)

Grundrezept Kokosmilchkefir

Aus Kokosmilch lässt sich ein herrlich cremiger Kefir herstellen, den Sie als Grundlage für Smoothies verwenden, über Desserts geben oder gar in Ihren Kaffee oder Tee rühren können.

240 ml Kokosmilch, ungesüßt oder selbst gemacht (siehe Hinweis)
1½ TL Kefirknollen

Außerdem benötigen Sie:
ein Glasgefäß (ohne Deckel)
ein Schraubdeckelglas zur Aufbewahrung
ein kleines Mulltuch oder etwas Küchenkrepp
ein Gummiband
ein engmaschiges Kunststoffsieb

Kokosmilch und Kefirknollen in das Glasgefäß geben. Mulltuch darüber breiten, mit Gummiband fixieren. Ansatz bei Zimmertemperatur 12 bis 24 Stunden reifen lassen. Die Gärdauer richtet sich nach der Umgebungstemperatur und dem gewünschten Säuerungsgrad und kann 48 Stunden dauern. Nach etwa 12 Stunden dickt der Kefir ein. Gelegentlich probieren, um den Geschmack in den verschiedenen Fermentationsstadien kennenzulernen. Fermentationsprozess abbrechen, wenn die gewünschte Konsistenz und der gewünschte Geschmack erreicht sind.

Kefir durch das Kunststoffsieb in das Schraubdeckelglas gießen und verschließen. Er ist im Kühlschrank ungefähr eine Woche haltbar.

Kefirknollen in ein frisches Gefäß geben und erneut ansetzen.

Hinweis: Kokosmilch lässt sich aus frischen jungen Kokosnüssen herstellen. Kokosnuss öffnen, Kokoswasser und Fruchtfleisch im Mixer pürieren. 240 Milliliter davon zur Herstellung des Kokosmilchkefirs verwenden.

In diesem Rezept wird zwar mit Kokosmilch gearbeitet, die Kefirknollen aber sind in Milch gewachsen. Wer eine vegane Variante wünscht, hier ein Tipp: 60 Milliliter fertigen Wasserkefir (ohne die Kristalle) mit 480 bis 950 Milliliter Kokosmilch 24 Stunden fermentieren.

Ergibt: 1 Portion (ca. 240 Milliliter)

Grundrezept Kokoswasserkefir

950 ml Kokoswasser
2 EL Wasserkefirkristalle

Außerdem benötigen Sie:
ein Glasgefäß (ohne Deckel)
ein Schraubdeckelglas zur Aufbewahrung
ein kleines Mulltuch oder etwas Küchenkrepp
ein Gummiband
ein engmaschiges Kunststoffsieb

Kokoswasser und Kefirkristalle in das Glasgefäß geben. Mulltuch darüber breiten und mit Gummiband fixieren. Ansatz bei Zimmertemperatur 24 bis 48 Stunden reifen lassen.

Kefir durch das Kunststoffsieb in das Schraubdeckelglas gießen. Das Glas dabei nur bis maximal 2,5 Zentimeter unter dem Rand füllen.

Für die zweite Gärung Obst, Kräuter oder Saft nach Belieben hinzugeben und 1 bis 3 Tage weiter fermentieren. Die durchschnittliche Gärdauer liegt bei 2 Tagen, ist aber von der Umgebungstemperatur abhängig.

Nach der vollständigen Fermentation ist der Kefir im Kühlschrank 1 Monat haltbar.

Kefirkristalle in ein frisches Glasgefäß geben und erneut ansetzen.

Ergibt: 4 Portionen (ca. 1 Liter)

Gestatten, Kombucha

Kombucha ist ein traditionelles, süß-säuerliches Getränk aus Asien. Es wird mit einem seltsam anmutenden Pilz hergestellt, der die Form einer gallertartigen Scheibe hat und als „Mutter" oder SCOBY (*Symbiotic Colony of Bacteria and Yeast*, deutsch: Symbiotische Kolonie von Bakterien und Hefen) bezeichnet wird.

Kombucha wird traditionell aus schwarzem Tee und Zucker gebraut. Während der Kombuchapilz den Tee fermentiert, entsteht eine Tochterkultur. Dieses Geschehen wirkt sehr merkwürdig und sorgt beim ersten Mal meist für einige Verblüffung. Aber wegen des großartigen Resultats verzeiht man diese Eigentümlichkeit schnell. Am Ende des Fermentationsprozesses hat man zwei Kombuchapilze und ein süß-säuerliches Getränk mit geballter Nährstoffkraft für einen gesunden Darm!

Wie bei der Herstellung von Wasserkefir sollten Sie den Ansatz mit Vollrohrzucker oder Haushaltszucker süßen. Mit künstlichen Süßstoffen klappt es nicht. Honig wirkt selbst antibakteriell und enthält Bakterien, die den Mikroorganismen im Teepilz Konkurrenz machen können. Zwar habe ich schon erfolgreich Honig benutzt, setze aber nur gelegentlich damit an, um den Kombuchapilz zu schonen.

Wie Wasserkefir sollte Kombucha mit reinem Quellwasser hergestellt werden. Leitungswasser muss vor Gebrauch abgekocht werden, damit sich das Chlor verflüchtigt, und vollständig abkühlen, ehe der Kombuchapilz zugegeben wird.

Kombucha braut man am besten mit schwarzem Tee, aber auch grüner und weißer Tee sowie Rooibos- und Mate-Tee sind geeignet. Pu-Erh-Tee besteht aus den Blättern eines chinesischen Teestrauchs, die von den natürlich darauf lebenden Mikroorganismen fermentiert werden. Er wird oft für den Kombuchaansatz empfohlen. Weitere Tipps, welche Teesorten zur Herstellung von Kombucha geeignet sind, finden Sie im Abschnitt „Häufig gestellte Fragen", Seite 178 ff.

Grundrezept Kombucha

Wenn Sie zum ersten Mal ansetzen und noch keinen fertigen Kombucha von einem früheren Ansatz haben, verwenden Sie die Flüssigkeit, in der Ihr Kombuchapilz geliefert wurde.

950 ml Wasser
50 g Vollrohrzucker (am besten Rapadura)
2 Beutel Bio-Schwarztee
1 Kombuchapilz
120 ml Kombucha vom letzten Ansatz

Außerdem benötigen Sie:
einen Topf
ein Glasgefäß (ohne Deckel und mit großer Öffnung)
ein Schraubdeckelglas zur Aufbewahrung
ein sauberes Geschirrtuch

Wasser im Topf zum Kochen bringen, von der Herdplatte nehmen und Zucker unter Rühren darin auflösen.

Teebeutel hineingeben und ziehen lassen. Beutel herausnehmen, den Tee auf Zimmertemperatur abkühlen lassen.

Den Tee in ein Glasgefäß mit weiter Öffnung gießen. Kombuchapilz und Kombucha vom letzten Ansatz dazugeben.

Mit sauberem Geschirrtuch abdecken und an einen warmen Ort ohne Sonneneinstrahlung (am besten bei 21 bis 29 °C) stellen. Die Gärdauer richtet sich nach der Umgebungstemperatur. Je höher die Temperatur, desto schneller geht's. Und je länger der Gärprozess dauert, desto saurer wird das Getränk.

Der Kombuchapilz kann im Tee nach unten sinken, in der Mitte schweben oder nach oben steigen und mit dem neuen Pilz verschmelzen, der dort entsteht. Zuletzt sollte ein säuerliches und prickelndes Getränk entstanden sein.

Nach 5 bis 7 Tagen bildet sich oben der neue Kombuchapilz. Das Getränk kann nun mit dem Strohhalm probiert werden, ohne das Wachstum der Tochterkultur zu stören. Seien Sie vorsichtig, denn sie könnte verletzt werden. Es dauert dann länger, bis sich ein neuer Kombuchapilz entwickelt.

Der Ansatz kann je nach Umgebungstemperatur und gewünschtem

Säuerungsgrad 14 Tage oder länger stehen bleiben. Mutter- und Tochterkultur mit sauberen Händen herausnehmen und das fertige Getränk in das Schraubdeckelglas füllen. 120 Milliliter für den nächsten Ansatz zurückbehalten. Der fertige Kombucha ist im Kühlschrank 1 Monat haltbar.

Der nächste Ansatz kann mit der Mutter- oder Tochterkultur erfolgen. Bei jedem Gärvorgang bekommt der Kombuchapilz Nachwuchs und wird dicker.

Ergibt: 4 Portionen (ca. 1 Liter)

Zweite Fermentation

Auch Kombucha kann ein zweites Mal fermentiert werden. Dabei können Sie ihm die verschiedensten Aromen verleihen.

Kombucha in ein Schraubdeckelglas geben. Nach Belieben aromatisieren, verschließen und noch 1 bis 2 Tage stehen lassen. Die Bakterien und Hefen vergären die zugegebenen Geschmacksträger und verleihen dem Getränk dabei ein feines Prickeln. Den Ansatz von Zeit zu Zeit „lüften", damit das Glas nicht explodiert. Nach der zweiten Fermentation kann der Kombucha im Kühlschrank gelagert werden. Damit verlangsamt sich der Fermentationsprozess.

Die richtige Pflege

Ein Kombuchapilz kann über Jahre hinweg verwendet werden. Die folgenden Tipps helfen, ihn zu bewahren:

- Nur mit sauberen Händen anfassen. Wenn sich grüne oder schwarze Flecken bilden, ist er verunreinigt und muss entsorgt werden.
- Zwischen den Ansätzen nicht abspülen.
- Fertigen Kombucha nur in Glasgefäßen lagern. Die enthaltenen Säuren können Chemikalien aus Kunststoffen lösen.
- Wollen Sie eine Kombuchapause einlegen, geben Sie den Teepilz mit etwas fertigem Kombucha in ein Glas, verschließen dieses luftdicht und stellen es in den Kühlschrank. Die Kälte bremst den Fermentationsprozess ab, sodass der Pilz lange überleben kann. Berichten zufolge konnten Kombuchapilze auch nach Jahren noch problemlos weiterverwendet werden.
- Statt Zucker können Sie zwar auch Honig nehmen. Wegen seiner antibakteriellen Wirkung kann er jedoch mit den nützlichen Bakterien konkurrieren und ihnen sogar schaden. Daher ist es ratsam, stets einen nur mit Zucker gefütterten Pilz in Reserve zu haben.

Nützliche Infos

- Ein gesunder Darm ist das Fundament eines gesunden Körpers. Ist die Verdauung aus dem Gleichgewicht, drohen nicht nur Beschwerden in diesem Bereich, sondern Erkrankungen im ganzen Körper.
- Darmbakterien schützen und nähren die Darmschleimhaut. Sie unterstützen die Verdauung, die Aufnahme von Nährstoffen und produzieren unter anderem Enzyme und Säuren zur Regelung der Hormonproduktion, des Cholesterinstoffwechsels, der Zellfunktion, der Vitaminsynthese und der Neutralisierung von Giftstoffen. Für Immunsystem, Entgiftung, eine klare Haut und einen gesunden Geist ist die Darmflora ebenfalls wichtig.
- Symptomatisch für die Ausbreitung schädlicher Darmbakterien sind unter anderem Blähungen, Bauchschmerzen, Verdauungsbeschwerden, Reizdarmsyndrom, Candida-Infektionen und Nahrungsmittelunverträglichkeiten.
- Fermentierte Getränke fördern eine gesunde Darmflora und können so die genannten Beschwerden lindern. Sie schützen und nähren den Darm, regen die Produktion der Verdauungssäfte sowie die Leberfunktion an und können Laktoseintoleranz abschwächen.

Haben Sie das gewusst?

Neue Forschungen prüfen, ob nützliche Bakterien auch in anderen Bereichen hilfreich sein können, etwa bei Brustdrüsenentzündung und Endometriose, vorbeugend gegen Diabetes, Schwangerschaftsdiabetes und Übergewicht nach der Schwangerschaft sowie beim Umgang mit Angststörungen und Depressionen.

Jason Hawrelak hat über die Fehlbesiedelung des Darms und den klinischen Einsatz von Prä- und Probiotika promoviert. Seiner Ansicht nach sollten Probiotika an der Darmschleimhaut haften, magensaftresistent sein, den Darm besiedeln sowie eine in klinischen Studien nachgewiesene Wirkung haben. Fermentierte Getränke erfüllen diese Forderungen – und viele mehr!

Fermentierter Getränke für Ihren Darm

Chai-Kefir

Chai ist ein indischer Gewürztee, der zu Recht immer beliebter wird. Er schmeckt köstlich! Chai enthält verdauungsfördernde Gewürze, wird traditionell mit Milch zubereitet und warm serviert. Meine Version wird nicht erhitzt, um die Bakterien im Kefir zu schonen. Die Gewürzmischung ist luftdicht verschlossen monatelang haltbar. Sie können auch traditionellen Chai damit herstellen: Verwenden Sie ¼ bis ½ Teelöffel pro Becher Milch, erhitzen Sie die Gewürzmilch bis kurz vor den Siedepunkt und geben Sie den schwarzen Tee hinzu.

480 ml Milchkefir (Seite 24) oder Kokosmilchkefir (Seite 28)
½–1 TL Chai-Gewürzmischung (siehe unten) oder 2 Teebeutel Chai

Chai-Gewürzmischung

1 Zimtstange
5 ganze Nelken
6 Kardamomkapseln
4 schwarze Pfefferkörner
1 TL gemahlener Ingwer
1 TL Fenchelsamen

Gewürze im Mörser zerstoßen oder mit der Gewürzmühle mahlen. Luftdicht verschlossen aufbewahren.

Ergibt: etwa 1½ Esslöffel

Kefir in ein Glasgefäß geben, Gewürzmischung oder Teebeutel dazugeben, mit einem Mulltuch oder dem Deckel locker abdecken und bei Zimmertemperatur 12 bis 24 Stunden stehen lassen. Gärprozess abbrechen, wenn der gewünschte Säuerungsgrad erreicht ist.

Mischung durch ein Sieb schütten oder Teebeutel herausnehmen. Chai-Kefir ist im Kühlschrank 5 Tage haltbar.

Ergibt: 2 Portionen (ca. 480 Milliliter)

Apfelkuchen-Kefir mit Knuspermüsli

Ein Apfelkuchen ist einfach eine rundum gemütliche Köstlichkeit. In den Sommermonaten wandle ich das Getränk ein wenig ab, indem ich den Milchkefir durch Wasserkefir oder Kokoswasserkefir ersetze. Mit Knuspermüsli garniert, bekommt es noch mehr Ähnlichkeit mit dem Original!

2 EL Haferflocken
2 EL Kokosraspel in Bioqualität, ungesüßt
2 EL Mandeln in Rohkostqualität, grob gehackt
240 ml Milchkefir (Seite 24) oder Kokosmilchkefir (Seite 28)
1 Bio-Apfel, entkernt und in Stücke geschnitten
½ TL gemahlener Zimt
¼ TL gemahlene Muskatnuss
¼ TL naturreiner Vanilleextrakt
1 EL naturreiner Ahornsirup (nach Belieben)

Ofen auf 180 °C vorheizen. Haferflocken, Kokosraspel und Mandeln auf ein Backblech geben und 12 Minuten backen, bis die Kokosraspel goldbraun werden. Aus dem Ofen nehmen und abkühlen lassen.

Kefir, Apfel, Zimt, Muskatnuss, Vanille und Ahornsirup in einen Mixer geben und gründlich pürieren.

Im Glas mit Knuspermüsli garniert servieren.

Ergibt: 1½ Portionen (ca. 360 Milliliter)

Schoko-Kefir-Frappé

Dieses köstliche, erfrischende Getränk ist ein wunderbarer Ersatz für den zweiten Kaffee am Nachmittag. Es erinnert an Café Frappé und ist gerade in den Sommermonaten eine genussvolle Möglichkeit, eine Portion nützliche Bakterien zu sich zu nehmen!

480 ml Milchkefir (Seite 24)
etwa 20 Eiswürfel
4–5 EL Kakaopulver in Rohkostqualität
2–3 EL naturreiner Ahornsirup
1 TL naturreiner Vanilleextrakt oder Vanillepulver

Alle Zutaten in einen Mixer geben und gründlich pürieren – am besten in mehreren Portionen, um die Klingen des Mixers zu schonen. Sofort servieren!

Ergibt: 3 bis 4 Portionen (ca. 830 Milliliter)

Cayenne-Zitronen-Kombucha

Dieser Drink bringt die Stoffwechselparty in Schwung! Cayennepfeffer und Zitrone schenken Energie für den ganzen Tag.

480 ml Kombucha (Seite 32)
Schale von ½ Bio-Zitrone
¼ TL Cayennepfeffer

Ein sauberes Schraubdeckelglas bis maximal 2,5 Zentimeter unter dem Rand mit den Zutaten befüllen. Verschließen und bei Zimmertemperatur ohne Sonneneinstrahlung 1 bis 3 Tage stehen lassen.

Getränk nach der zweiten Fermentation abseihen und in eine luftdicht verschließbare Flasche füllen. Im Kühlschrank ist es 1 Monat haltbar.

Ergibt: 2 Portionen (ca. 480 Milliliter)

Ingwer-Kombucha

Ingwer pur! Dieses wunderbare Getränk ist eine gute Verdauungshilfe. Der entzündungshemmende und krampflösende Ingwer wärmt den Darm und kann Übelkeit lindern.

480 ml Kombucha (Seite 32)
6–8 Scheiben frischer Ingwer, ungeschält

Ein Schraubdeckelglas bis maximal 2,5 Zentimeter unter dem Rand mit den Zutaten befüllen. Verschließen und bei Zimmertemperatur ohne Sonneneinstrahlung 1 bis 3 Tage stehen lassen.

Getränk nach der zweiten Fermentation abseihen und in eine luftdicht verschließbare Flasche füllen. Im Kühlschrank ist es 1 Monat haltbar.

Ergibt: 2 Portionen (ca. 480 Milliliter)

Birnen-Gewürz-Kombucha

Wenn der Herbst ein Getränk wäre, dann wäre es dieser Kombucha mit spätsommerlichen Birnen und intensiven Gewürzen. Damit möchte man sich am liebsten mit einer Decke aufs Sofa kuscheln.

480 ml Kombucha (Seite 32)
½ Bio-Birne, entkernt und in Stücke geschnitten
1 Stück Zimtstange, etwa 2,5 cm
3 ganze Nelken
1 Prise Piment (nach Belieben)

Ein sauberes Schraubdeckelglas mit allen Zutaten bis maximal 2,5 Zentimeter unter dem Rand befüllen. Verschließen und bei Zimmertemperatur 1 bis 3 Tage an einem Platz ohne direkte Sonneneinstrahlung stehen lassen.

Getränk nach der zweiten Fermentation abseihen und in eine luftdicht verschließbare Flasche füllen. Im Kühlschrank ist es 1 Monat haltbar.

Ergibt: 2 Portionen (ca. 480 Milliliter)

Rosenwasser-Kefir

Was für ein hübsches Getränk! Ich habe eine Schwäche für Rosenwasser. Es schmeckt so herrlich blumig. Aber übertreiben Sie nicht, sonst riecht Ihr Kefir womöglich wie ein Potpourri. Rosenwasser und Schokolade passen gut zusammen, und manchmal gebe ich zum Spaß noch ein paar Teelöffel Kakaobohnensplitter dazu.

240 ml Wasserkefir (Seite 26)

7–8 Tropfen Rosenwasser

4 getrocknete Rosenknospen in Lebensmittelqualität (kein Muss, aber ein Genuss)

2 TL Kakaonibs (Kakaobohnenbruch) in Rohkostqualität (nach Belieben)

Ein sauberes Schraubdeckelglas mit allen Zutaten bis maximal 2,5 Zentimeter unter dem Rand befüllen. Verschließen und bei Zimmertemperatur 1 bis 3 Tage ohne direkte Sonneneinstrahlung stehen lassen.

Abseihen und wenn gewünscht Rosenknospen ins Servierglas geben. Das Getränk kann sofort serviert oder luftdicht verschlossen 1 Monat im Kühlschrank aufbewahrt werden.

Ergibt: 1 Portion (ca. 240 Milliliter)

Blaubeer-Basilikum-Kefir

Die außergewöhnliche Geschmackskombination macht diesen Kefir zu einem erfrischend köstlichen Erlebnis.

240 ml Wasserkefir (Seite 26) oder Kokoswasserkefir (Seite 30)
2 EL Bio-Heidelbeeren
12 frische kleine Basilikumblätter

Ein sauberes Schraubdeckelglas mit den Zutaten bis maximal 2,5 Zentimeter unter dem Rand befüllen. Verschließen und bei Zimmertemperatur 2 Tage an einem Platz ohne direkte Sonneneinstrahlung stehen lassen.

Getränk abseihen. Es kann sofort serviert oder luftdicht verschlossen 1 Monat im Kühlschrank aufbewahrt werden.

Ergibt: 1 Portion (ca. 240 Milliliter)

Pflaumen-Zimt-Kombucha

Pflaumen und Zimt passen herrlich zusammen, und die leichte Säure des Kombucha macht das Getränk zu einem Volltreffer!

480 ml Kombucha (Seite 32)
3–4 Bio-Pflaumen, in grobe Stücke geschnitten
1 Stück Zimtstange, etwa 5 cm

Ein sauberes Schraubdeckelglas mit allen Zutaten bis maximal 2,5 Zentimeter unter dem Rand befüllen. Verschließen und bei Zimmertemperatur 1 bis 3 Tage ohne direkte Sonneneinstrahlung stehen lassen.

Getränk nach der zweiten Fermentation abseihen. Luftdicht verschlossen ist es im Kühlschrank 1 Monat haltbar.

Ergibt: 2 Portionen (ca. 480 Milliliter)

Feigen-Vanille-Kombucha

Bei diesem Rezept kommen getrocknete Bio-Feigen zum Einsatz. Sie enthalten viel Kalzium. Die Mischung funktioniert auch mit Wasserkefir oder Kokoswasser und schmeckt dann wie Vanille-Limo. Dazu Kombucha einfach durch die gleiche Menge Kefir ersetzen.

480 ml Kombucha (Seite 32)
2 Bio-Trockenfeigen
½ Vanilleschote, aufgeschlitzt

Ein sauberes Schraubdeckelglas mit allen Zutaten bis maximal 2,5 Zentimeter unter dem Rand befüllen. Verschließen und bei Zimmertemperatur 1 bis 3 Tage an einem Ort ohne direkte Sonneneinstrahlung stehen lassen.

Kombucha nach der zweiten Fermentation abseihen. Luftdicht verschlossen ist er im Kühlschrank 1 Monat haltbar.

Ergibt: 2 Portionen (ca. 480 Milliliter)

Rejuvelac

Rejuvelac ist ein Getränk aus gekeimten Getreidekörnern. Üblicherweise wird es mit Weizen hergestellt, ich verwende aber Dinkel. Die Körner müssen erst keimen und werden dann mit Wasser angesetzt. So entsteht ein wohltuendes Getränk. Der Keimvorgang erhöht den Nährstoffgehalt des Getreides und macht es leichter verdaulich. Bei der Fermentation entstehen geradezu explosionsartig weitere gesundheitsförderliche Substanzen wie natürliche Getreideenzyme, Vitamine (vor allem B-Vitamine) und natürlich nützliche Mikroorganismen.

180 g Dinkelkörner
Wasser nach Bedarf

Dinkelkörner zum Keimen in ein 1-Liter-Glas geben und mit Wasser bedecken. Mulltuch darüber breiten und bei Zimmertemperatur 8 bis 10 Stunden stehen lassen.

Wasser abgießen, Körner spülen und abtropfen lassen. Das Glas mit den Körnern leicht kippen und 2 Tage stehen lassen. Dabei die Körner mindestens 2-mal täglich spülen und abtropfen lassen.

Gekeimte Dinkelkörner ein letztes Mal gründlich spülen. Glas mit Wasser auffüllen und 48 Stunden stehen lassen. Fertig ist das Rejuvelac!

Weißen Schaum, der auf der Oberfläche schwimmt, mit dem Löffel sorgfältig abschöpfen. Ansatz durch ein Sieb gießen und Rejuvelac in eine luftdicht verschließbare Flasche füllen. So ist es im Kühlschrank 1 Monat haltbar.

Rejuvelac sollte trüb, leicht süß und etwas herb, aber nicht sauer schmecken, und kann sogar etwas prickeln. Riecht der Ansatz nach Käse, war die Keimphase zu lang und die Körner haben angefangen zu schimmeln. In diesem Fall muss mit neuen Körnern von vorne begonnen werden. Jede Spur von Schimmel – ob schwarz, grün oder blau – ist ein schlechtes Zeichen.

Ergibt: 4 Portionen (ca. 1 Liter)

KAPITEL 2

Fermentierte Getränke für ein starkes Immunsystem

Die Immunabwehr ist ein durchorganisiertes und allzeit aktives System aus Geweben, Organen, Zellen und Molekülen, das unseren Körper vor Krankheiten und Infektionen schützt. Es ist entscheidend dafür, wie wir mit körperfremden Stoffen umgehen, zum Beispiel mit unserer Nahrung oder Bestandteilen der Atemluft. Es koordiniert unsere Reaktion auf krankmachende Mikroorganismen, mit denen wir täglich in Berührung kommen, aber auch auf chronische Belastungen wie Krebs.

Die Immunreaktion lässt sich in einen angeborenen oder unspezifischen und einen erlernten oder spezifischen Teil aufgliedern.

An der unspezifischen Immunreaktion sind Haut und Schleimhäute beteiligt. Sie sind gewissermaßen die „Grenzpolizei" und verweigern zwielichtigen Typen den Zugang zum Körper: Klebriger Schleim hält Krankheitserreger auf, die Nieren spülen sie mit dem Urin wieder aus, Erbrechen befördert sie nach draußen und das saure Scheidenmilieu verhindert ihr Wachstum. Versagt diese Grenzkontrolle aus irgendeinem Grund, folgt eine weitere Stufe der unspezifischen Immunreaktion: Antimikrobielle Proteine, natürliche Killerzellen und Fresszellen spüren Krankheitserreger auf und zerstören sie. Auch die Entzündung mit Schmerzen, Rötung, Schwellung und Erwärmung spielt hier eine Rolle und unterstützt die Heilung des Gewebes.

Daneben gibt es die spezifische Immunreaktion. Im Gegensatz zur unspezifischen arbeitet sie äußerst präzise. Diese Abteilung „erinnert" sich an Krankheitserreger, um sie im Falle ihres erneuten Eindringens noch schneller und effektiver abwehren zu können. Man könnte sagen, es wurde ein Fahndungsfoto herumgegeben und die Beamten wissen genau, wen sie suchen.

Die T-Helferzellen

Dann gibt es noch eine dritte Ebene. Sogenannte antigenpräsentierende Zellen erkennen Krankheitserreger (Antigene) und signalisieren der spezifischen Immunreaktion, um welche Eindringlinge es sich handelt. Diese schickt die T-Helferzellen los. Viren, Bakterien, Pilze oder Krebszellen fallen in den Aufgabenbereich der TH1-Zellen, per Blut übertragene Krankheiten sind Sache der TH2-Zellen. In einem gesunden Immunsystem ist ihr Verhältnis ausgeglichen. Dominiert aber einer dieser Zelltypen, greift der Körper sich selbst an. Autoimmunerkrankungen sind ein Beispiel für TH1-Dominanz; Asthma, Ekzeme und Nahrungsmittelallergien für TH2-Dominanz.

Besonders wichtig für unser Immunsystem ist das Lymphsystem, das die spezifische Immunreaktion koordiniert und Moleküle freisetzt, die uns vor Mikroorganismen und entarteten Zellen schützen. Es ist wie eine große Bühnenproduktion, in der alle gemeinsam – Lymphgefäße, Thymusdrüse, Lymphknoten, Milz, Knochenmark und weiße Blutkörperchen – für einen erfolgreichen Auftritt sorgen.

Wie beeinflusst die Darmflora unser Immunsystem?

Wegen ihrer Verbindung zum lymphatischen Gewebe spielen die Darmbakterien hierbei eine entscheidende Rolle. Hauptschauplatz des Immunsystems im Darm ist das darmassoziierte lymphatische Gewebe. Es produziert Lymphozyten und Antikörper wie das sekretorische Immunglobulin A (IgA). IgAs machen den größten Anteil der Antikörper aus und helfen, die Darmschleimhaut vor Mikroorganismen zu schützen. Sie befinden sich in Speichel, Schweiß, Tränenflüssigkeit, Nase, Hals, Blase, Scheide und Muttermilch, mindestens 80 Prozent davon aber im darmassoziierten lymphatischen Gewebe. In einer 2004 im *American Journal of Clinical Nutrition* veröffentlichten Studie heißt es, die IgA-Produktion sei von nützlichen Darmbakterien abhängig und ihre Abwesenheit würde unsere Fähigkeit zur IgA-Herstellung erheblich verringern. Wir sind auf eine ausreichende Versorgung mit IgAs angewiesen, denn sie schützen die Schleimhäute vor Krankheitserregern, die sich bereits im Körper befinden oder die wir mit der Nahrung aufnehmen.

Ein Mangel an nützlichen Darmbakterien wirkt sich auch auf andere Immunzellen aus. Wie das *American Journal of Clinical Nutrition* im Jahr 2003 berichtete, kann sich das darmassoziierte Immunsystem nur mit ihrer Hilfe vollständig entwickeln. Ansonsten arbeiten einige Immunzellenarten wie neutrophile Granulozyten und Riesenfresszellen weniger effektiv.

Ihr Einfluss auf das Immunsystem ist auch nicht auf den Verdauungstrakt beschränkt. Der ganze Körper leidet, wenn das Verhältnis von nützlichen zu schädlichen Bakterien aus dem Gleichgewicht gerät.

Ein gesundes Immunsystem dank fermentierter Getränke

Fermentierte Getränke können viel dazu beitragen, unser Immunsystem gesund zu erhalten. Laut einer 2006 in der Zeitschrift *Immunobiology* erschienenen Studie können die Nebenprodukte des Fermentationsprozesses sowohl die unspezifische als auch die spezifische Immunreaktion von Mensch und Tier verbessern. In der Studie hieß es, fermentierte Milchprodukte wie Kefir könnten die Anzahl der IgAs in den Schleimhäuten von Darm und Bronchien erhöhen. Außerdem vermögen sie die Funktion der dortigen Immunzellen zu steigern. Im Jahr 2008 veröffentlichte das *Journal of Immunology* Forschungsergebnisse, die besagen, dass Milchsäurebakterien in fermentierten Getränken eine erhöhte Produktion entzündungshemmender Zytokine auslösen.

Die Feinde unserer Darmbakterien

Die größten Feinde der Darmflora sind Antibiotika. Fast jeder hat sie schon genommen. Auch über die Nahrung gelangen sie in unseren Körper: In der Viehwirtschaft wird mit Antibiotika gearbeitet, die wir über Fleisch, Milch und Eier aufnehmen. Auch einige Gemüse- und Getreidesorten werden damit gespritzt. Die Aufnahme von Antibiotika lässt sich also nur schwer vermeiden. Natürlich kann die Behandlung damit zuweilen nötig und lebensrettend sein. Zu den unangenehmen Nebenwirkungen gehört aber unter anderem der Verlust nützlicher Darmbakterien.

Leider töten Antibiotika selten nur bestimmte Bakterien. Sie haben oft eine Breitbandwirkung und vernichten auch nützliche Stämme. Sind diese Bakterien erst zerstört, bleiben manche Bereiche der Darmschleimhaut ungeschützt. Hier müssen möglichst bald wieder nützliche Bakterien angesiedelt werden. Nach der Behandlung mit Antibiotika kann es Monate dauern, bis sich die Darmflora erholt. Laut einem 2007 in der Zeitschrift der *International Society for Microbial Ecology* erschienenen Artikel brauchen manche Stämme dazu ganze 2 Jahre. Im Jahr 2011 hieß es in einem Artikel der Zeitschrift *Nature*, einige Bakterienstämme erholten sich unter Umständen nie.

Eine 2012 in der Zeitschrift *Gut* veröffentlichte Studie zeigt, dass sich nach einer antibiotischen Behandlung die Aufnahme von Eisen und damit die Verdauung einzelner Nahrungsmittel und die Produktion bestimmter Moleküle verringert. Zurückzuführen ist dies auf ein übermäßiges Wachstum eisenliebender Bakterien, die sich nach einer Antibiotikabehandlung einnisten können. Die Einnahme von Eisenpräparaten würde bei einer solchen Form von Anämie also nicht den Eisenmangel beheben, sondern nur die schädlichen Bakterien ernähren.

Fermentierte Getränke können hier dazu beitragen, die Darmflora wiederherzustellen. Auch schon während der Einnahme von Antibiotika können sie hilfreich sein: Laut einer 2011 im *Journal of Dairy Research* erschienenen Studie verringert Kefir die Dauer antibiotikabedingter Durchfälle und lindert Magen-Darm-Beschwerden. Ältere Forschungen aus dem *Canadian Journal of Gastroenterology* von 2007 bestätigen Kefir als sicheres und wirksames Mittel gegen antibiotikabedingte Durchfälle, die hauptsächlich von Bakterien der Art *Clostridium difficile* verursacht werden. Einer 2002 in der Zeitschrift *Letters in Applied Biology* erschienenen Studie zufolge führt Kefir zu einer deutlichen Vermehrung der Milchsäurebakterien auf der Darmschleimhaut und verringert die Zahl der Clostridien um das Hundertfache.

Im Jahr 2011 hieß es im *Journal of Medicinal Food*, Kefir verbessere die Verträglichkeit und auch die Wirkung von Antibiotika. Dies könnte dazu führen, dass eine geringere Dosis benötigt wird. Hoffen wir also auf weitere Forschungen in diesem Bereich. Vielleicht können wir mit einer ordentlichen Portion Kefir den Erfolg der nächsten Antibiotikabehandlung sogar erhöhen.

Haben Sie das gewusst?

Nicht nur Antibiotika, auch Schmerzmittel, Steroide, Anti-Baby-Pille und viele andere Medikamente schaden dem Ökosystem Darm. Laut Dr. Natasha Campbell-McBride sind diese Fälle von Fehlbesiedelung besonders schwerwiegend und hartnäckig.

Der Stress tut ein Übriges: Im Jahr 2006 erschien im *American Journal of Psychology* eine Studie, wonach Stress die Funktion der Darmschleimhaut verändern, ihre Durchlässigkeit erhöhen und damit die Wahrscheinlichkeit von Nahrungsmittelallergien vergrößern kann. In einem 2002 in der Zeitschrift *Gastroenterology* veröffentlichten Artikel heißt es, chronischer psychischer Stress verursache Entzündungen im Darm und hindere die Darmbakterien daran, sich gegen Krankheitserreger zur Wehr zu setzen.

Allergien, Immunsystem und Darmbakterien: Dreck macht Speck!

In den westlichen Industrienationen haben Allergien in den letzten dreißig Jahren explosionsartig zugenommen. Eine mögliche Ursache wurde zunächst in der Hygienehypothese gesucht. Sie vermutet die Schuld beim übertriebenen Einsatz von Antibiotika und desinfizierenden Reinigungsmitteln und führt die Schwächung des Immunsystems auf mangelnden Kontakt mit Krankheitserregern in der Kindheit zurück. Früher kamen Kinder mit Bakterien in Berührung, wenn sie im Dreck oder mit der Katze spielten, was in der keimfreien Welt von heute weniger selbstverständlich ist. Eine TH2-Dominanz im Körper ist die Folge. Da viele Allergien auf ein solches Ungleichgewicht zurückgehen, kann diese Theorie ihre Zunahme möglicherweise erklären. Ende der 1990er Jahre gewann sie an Glaubwürdigkeit, als schwedische Forscher entdeckten, dass die Besiedelung des Darms pakistanischer Säuglinge mit typischen Darmbakterien früher erfolgt als in Schweden. Mit dieser Verzögerung erklärten sie die Unfähigkeit, mit harmlosen Antigenen wie Pollen und Nahrungsmitteln fertigzuwerden.

Die Zeitschrift *Advances in Experimental Medicine and Biology* veröffentlichte 2008 eine Studie, wonach Kinder in europäischen Städten andere Mikroorganismen im Stuhl haben und häufiger unter Allergien leiden als im ländlichen Afrika.

Wie unser Immunsystem auf Angriffe reagiert, liegt in der Zusammensetzung unserer Darmflora begründet. Ohne nützliche Bakterien, die den Immunzellen das richtige Vorgehen vorgeben, können Überempfindlichkeiten entstehen. Das Immunsystem kämpft dann gegen harmlose Substanzen wie Pollen, Nüsse oder das eigene Gewebe.

Ein gesunder Mensch hat bis zu 10-mal mehr Bakterien als Zellen. Es ist unwahrscheinlich, dass unser Immunsystem sie ignoriert. Es muss also nicht nur Krankheitserreger identifizieren und beseitigen, sondern auch heimische Bakterien als körpereigen erkennen. Dieses Wechselspiel von Immunsystem und Mikroorganismen ist die Grundlage für den Umgang mit äußeren Einflüssen. Bricht es zusammen, wird unter anderem Autoimmunerkrankungen der Weg geebnet.

Wie der Epidemiologe und Ernährungswissenschaftler Joel Kimmons meint, überwacht unsere Darmflora unaufhörlich die Umwelt und reagiert entsprechend.

Wie ein mikrobieller Spiegel der sich stetig wandelnden Welt entwickelt sie sich rasch weiter und unterstützt damit die Anpassung unseres Körpers an die Umwelt. Darmbakterien sind unglaublich anpassungsfähig, tauschen DNS miteinander und bilden so das passende Gen, um mit fremden Molekülen fertig zu werden. Japaner können zum Beispiel bestimmte Nährstoffe aus Algen aufnehmen. Eine 2010 in der Zeitschrift *Nature* veröffentlichte Studie erklärt, wie sie Darmbakterien entwickelten, die die Aufspaltung von Algen zur Verwertung der darin enthaltenen Nährstoffe ermöglichen.

Nützliche Infos

- Das Immunsystem umfasst die angeborene oder unspezifische und die erworbene oder spezifische Immunreaktion. Die unspezifische Immunantwort dient der Erstabwehr aller Angreifer. Die spezifische arbeitet sehr genau. Sie speichert Informationen über Krankheitserreger, um sie im Falle ihres erneuten Eindringens noch schneller und heftiger abzuwehren.
- Darmbakterien sind wegen ihrer Verbindung zum darmassoziierten lymphatischen Gewebe wichtig für das Immunsystem. Dieses Gewebe produziert Lymphozyten und Antikörper in großer Zahl und schützt die Darmschleimhaut vor schädlichen Mikroorganismen und Krankheitserregern.
- Antibiotika, Schmerzmittel, Anti-Baby-Pille und weitere rezeptfrei erhältliche Medikamente schädigen die Darmflora ebenso wie Stress.
- Darmbakterien können unser Immunsystem auf Angriffe auch in Form von Allergien reagieren lassen. Ohne nützliche Bakterien, die den Immunzellen das richtige Vorgehen vorgeben, kämpft dann das Immunsystem gegen harmlose Substanzen wie Pollen, Nüsse oder das eigene Gewebe.
- Mit fermentierten Getränken bleibt unser Immunsystem stark. Sie verbessern die unspezifische und die spezifische Immunantwort sowie die Funktion der Immunzellen und kurbeln die Produktion entzundungshemmender Moleküle an. Sie unterstützen den Aufbau der Darmflora nach einer Antibiotikabehandlung und lindern bereits während der Medikamentengabe die Nebenwirkungen auf das Verdauungssystem.

Fermentierte Getränke für stärkere Abwehrkräfte

Ingwer-Gojibeeren-Kombucha

Ich liebe dieses Rezept! Eingeweichte Gojibeeren schmecken köstlich und haben viele gute Nährstoffe im Gepäck, zum Beispiel eine breite Palette an Antioxidantien, Eiweiß, Vitamin C und Carotinoide. Der perfekte Drink, um nach dem Aufenthalt in der Sonne die Flüssigkeitsspeicher aufzufüllen.

480 ml Kombucha (Seite 32)

8–10 Scheiben frischer Ingwer, ungeschält

3–4 TL getrocknete Gojibeeren in Rohkostqualität

Schraubdeckelglas bis maximal 2,5 Zentimeter unter dem Rand mit Kombucha, Ingwer und Gojibeeren füllen und verschließen.

Bei Zimmertemperatur 1 bis 3 Tage an einem Ort ohne direkte Sonneneinstrahlung stehen lassen. Die Gärdauer richtet sich nach der Umgebungstemperatur. Wenn sich die guten Bakterien über den Zucker im Ingwer und den Gojibeeren hermachen, entsteht Kohlensäure und verleiht dem Getränk ein leichtes Prickeln.

Kombucha nach der zweiten Fermentation abseihen und in eine luftdicht verschließbare Flasche füllen. Im Kühlschrank ist er 1 Monat haltbar.

Ergibt: 2 Portionen (ca. 480 Milliliter)

Karotten-Grapefruit-Ingwer-Kombucha

Dieser peppige kleine Drink ist ebenso schmackhaft wie gesund. Frisch gepresster Karottensaft kann ausflocken. Das ist normal. Rühren Sie vor dem Trinken einfach noch einmal gut um.

240 ml Kombucha (Seite 32)
60 ml Karottensaft
1 TL frisch gepresster Grapefruitsaft
1–2 Scheiben frischer Ingwer, ungeschält

Kombucha mit Karottensaft, Grapefruitsaft und Ingwer in ein Schraubdeckelglas geben. Bis maximal 2,5 Zentimeter unter dem Rand befüllen und verschließen.

Bei Zimmertemperatur 1 bis 2 Tage an einem Ort ohne direkte Sonneneinstrahlung stehen lassen. Die Gärdauer richtet sich nach der Umgebungstemperatur.

Kombucha nach der zweiten Fermentation abseihen und in eine luftdicht verschließbare Flasche füllen. Im Kühlschrank ist er 1 Monat haltbar.

Ergibt: 1 Portion (ca. 300 Milliliter)

Spirulina-Kefir

Spirulina ist das grüne Pulver meiner Wahl. Es ist eine proteinreiche Alge mit vielen Omega-3-, Omega-6- und Omega-9-Fettsäuren und einer hohen Konzentration an Nährstoffen wie Eisen, B-Vitaminen sowie den Vitaminen C, D, A und E. Es enthält enorm viel Kalzium und ist ein wunderbares Antioxidans. Kein Wunder, dass eine der Nebenwirkungen mehr Energie ist! Wenn Sie möchten, können Sie das Getränk auch mit Kombucha herstellen.

240 ml Kokoswasserkefir (Seite 30)
1–2 Prisen Spirulinapulver

Ein sauberes Schraubdeckelglas mit Kefir und Spirulina bis 2,5 Zentimeter unter dem Rand befüllen und verschließen.

Bei Zimmertemperatur 2 Tage an einem Platz ohne direkte Sonneneinstrahlung stehen lassen.

Sofort servieren oder in eine luftdichte Flasche füllen. Im Kühlschrank ist das Getränk 1 Monat haltbar.

Ergibt: 1 Portion (ca. 240 Milliliter)

Bienenbrot-Kefir

Bienenbrot ist fabelhaft! Der Blütenpollen, der von den Bienen bei der Einlagerung in die Waben mit Speichel fermentiert wird, schmeckt süß nach Moschus und Honig. Die Kügelchen sind kleine Vitamin-, Mineralstoff- und Enzymbomben und verfügen über ein hervorragendes Aminosäureprofil. Bienenbrot kann sich aufgrund der Säure im Kefir nach einer Weile in der Flüssigkeit auflösen. Das ist vollkommen in Ordnung.

240 ml Wasserkefir (Seite 26)
1 TL Bienenbrot

Schraubdeckelglas bis 2,5 Zentimeter unter den Rand mit Kefir und Bienenbrot füllen und verschließen.

Bei Zimmertemperatur ohne Sonneneinstrahlung 2 Tage stehen lassen.

Sofort servieren. Luftdicht verschlossen ist das Getränk im Kühlschrank 1 Monat haltbar.

Ergibt: 1 Portion (ca. 240 Milliliter)

Erste-Hilfe-Smoothie

Kefir ist das Beste, was Sie nach einer Antibiotikabehandlung in Sachen Ernährung tun können. Wie erwähnt, kann der Verzehr bereits die Beschwerden während der Einnahme der Medikamente lindern. Der Smoothie enthält auch Präbiotika für eine erfolgreiche Wiederbesiedelung des Darms.

240 ml Milchkefir (Seite 24)
1 Banane
2 EL Haferflocken
1 TL gemahlene Rotulmenrinde (nach Belieben)

Zutaten in einen Mixer geben und bei hoher Geschwindigkeit gründlich pürieren. Sofort servieren.

Ergibt: 1½ Portionen (ca. 360 Milliliter)

Immunbooster-Kombucha

Dieser Drink ist randvoll mit abwehrstärkendem Vitamin C und unterstützt Ihr Wohlbefinden.

240 ml Kombucha (Seite 32)
60 ml Karottensaft
1 EL frisch gepresster Zitronensaft
Schale von ½ Bio-Orange
2 Scheiben frischer Ingwer, ungeschält

Ein Schraubdeckelglas bis maximal 2,5 Zentimeter unter dem Rand mit Kombucha, Karottensaft, Zitronensaft, Orangenschale und Ingwer füllen und verschließen.

Bei Zimmertemperatur ohne direkte Sonneneinstrahlung 1 bis 2 Tage stehen lassen.

Kombucha abseihen und in eine luftdichte Flasche füllen. Er ist im Kühlschrank 1 Monat haltbar.

Ergibt: 1 Portion (ca. 300 Milliliter)

Karottenkuchen-Kefir

Fast könnte man meinen, dieser cremige Drink sei zu lecker, um gesund zu sein! Er enthält reichlich Protein, gute Fette und Nährstoffe sowie ein paar wärmende Gewürze. Ich verwende ihn gern als Dip für Apfelspalten. Einfach köstlich!

350 ml Milchkefir (Seite 24) oder Kokosmilchkefir (Seite 28)

60 ml Mandel-, Hanf- oder Hafermilch oder andere Milch Ihrer Wahl

1 kleine tiefgefrorene Banane

½ Avocado, entkernt und geschält

50 g geriebene Karotten

1½ TL Tahin

1 TL naturreiner Ahornsirup

½ TL gemahlener Zimt

½ TL gemahlene Kurkuma

½ TL gemahlener Ingwer

Alle Zutaten in einen Mixer geben und bei hoher Geschwindigkeit gründlich pürieren. Sofort servieren.

Ergibt: 2½ Portionen (ca. 600 Milliliter)

Abwehrturbo

Machen Sie diesen Drink zu einem festen Bestandteil Ihres wöchentlichen Speiseplans und sorgen Sie so dafür, dass die nächste Antibiotikabehandlung überflüssig wird. Er enthält viel Vitamin C und kann so Erkältungen vorbeugen, verkürzen und lindern.

240 ml Wasserkefir (Seite 26)
1 EL Granatapfelkerne
2 Scheiben frischer Ingwer, ungeschält
Schale von ½ Bio-Zitrone
¼ TL gemahlene Kurkuma oder ½ TL frische Kurkumascheiben
½ TL Hibiskusblütentee

Ein Schraubdeckelglas bis 2,5 Zentimeter unter dem Rand mit den Zutaten füllen und verschließen.

Bei Zimmertemperatur ohne direkte Sonneneinstrahlung 1 bis 2 Tage stehen lassen.

Sofort servieren oder in eine luftdichte Flasche füllen. Das Getränk ist im Kühlschrank 1 Monat haltbar.

Ergibt: 1½ Portionen (ca. 360 Milliliter)

Kiwi-Limonade

Kiwis sind Vitamin-C-Bomben und schmecken als hellgrüne Limonade einfach köstlich.

120 ml Wasser plus Wasser zum Auffüllen
50–150 g weißer Zucker, nach Geschmack
450 g Kiwis, geschält
60 ml Ingwerstarter oder Kurkumasirup (Seite 119)
2 EL frisch gepresster Zitronensaft

Wasser (120 Milliliter) in einem großen Topf zum Kochen bringen und Zucker darin auflösen. Kiwis unterrühren, Topf vom Herd nehmen und Inhalt vollständig abkühlen lassen.

Mischung in einen Mixer geben und gründlich pürieren. Durch ein engmaschiges Sieb streichen oder durch einen Nussmilchbeutel gießen und so viel wie möglich davon in einer Schüssel auffangen.

Sirup in eine 1-Liter-Flasche geben und mit Wasser auffüllen, bis sie zu zwei Dritteln gefüllt ist.

Ingwerstarter und Zitronensaft zugeben. Die Flasche nur bis maximal 2,5 Zentimeter unter den Rand füllen.

Mit einem Mulltuch abdecken, um Ungeziefer fernzuhalten, und bei Zimmertemperatur stehen lassen.

Wenn sich lebhafte Blasen bilden (das kann je nach Umgebungstemperatur einen oder mehrere Tage dauern) die Flasche verschließen. Mindestens 2 Tage dunkel stellen, damit sich Kohlensäure bildet. Regelmäßig nachsehen und die Flasche häufig „lüften“: Deckel aufschrauben, Luft entweichen lassen, und wieder verschließen. Wartet man zu lange, kann die Flasche explodieren.

Ist der gewünschte Kohlensäuregehalt erreicht, kann man die Limonade servieren oder in den Kühlschrank stellen, um den Gärprozess zu verlangsamen.

Ergibt: 4 Portionen (ca. 1 Liter)

Rote-Bete-Kwass

Kwass ist ein russisches Gärgetränk, das traditionell mit Roggenbrot hergestellt wird. Die leichte Fermentation erhöht die Haltbarkeit und erzeugt das übliche Spektrum wohltuender Wirkungen: Sie lässt nützliche Mikroorganismen wachsen, unterstützt die Verdauung und verbessert die Bioverfügbarkeit der Nährstoffe. Die Rote-Bete-Version reinigt zudem Leber und Blut. Und das Tolle daran ist, dass Sie den Kwass anstelle von Essig in Salatdressings oder Suppen geben können. Ich mische gern 30 bis 60 Milliliter Rote-Bete-Kwass in frisch gepressten Karotten- oder Rote-Bete-Saft. Ein paar Ingwerscheiben sorgen für einen zusätzlichen Kick.

2 große oder 3 mittelgroße Rote Bete in Bio-Qualität
15 g Meersalz
Wasser nach Bedarf

Rote Bete gründlich waschen, aber nicht schälen, unschöne Stellen ausschneiden, die Rübe grob zerkleinern und in ein 2-Liter-Glas geben. Salz zufügen und mit Wasser auffüllen. Unter dem Rand ein paar Zentimeter Platz lassen, da bei der Gärung Kohlensäure entsteht und die prächtigen Bläschen Platz brauchen.

Bei Zimmertemperatur 1 bis 2 Wochen gären lassen.

Ist der gewünschte Säuerungsgrad erreicht, den Kwass in den Kühlschrank stellen. Er sollte relativ salzig schmecken.

Ergibt: 8 Portionen (ca. 2 Liter)

KAPITEL 3

Fermentierte Getränke zur Entgiftung und Unterstützung der Leber

Das Entgiften ist ein ganz normaler körperlicher Vorgang – unser Körper tut es rund um die Uhr! Auf diese Weise wird für Balance gesorgt und Krankheiten vorgebeugt. Schweiß, Tränen, Schleim, Ohrenschmalz, Fieber, Ausschläge, ja sogar das Niesen dienen der Ausscheidung von Fremdstoffen und dem Erhalt der körperlichen Gesundheit. Ist ein bestimmtes Organ überlastet, sammeln sich Abfallstoffe und Toxine im Gewebe. Um das Gleichgewicht zu wahren, reinigt sich der Körper auf einem der genannten Wege. Toxine aus Luft, Nahrung und Wasser werden umgewandelt und ausgeschieden. Fermentierte Getränke haben zusammen mit anderen Strategien bezüglich Ernährung und Lebensführung großen Einfluss auf diesen Prozess. Problematisch wird es dann, wenn unser Körper mit einer überwältigenden Menge an Toxinen fertig werden muss.

Wie funktioniert die Entgiftung?

Die Entgiftung über die Leber erfolgt in drei wesentlichen Schritten: Die Leber filtert Toxine aus dem Blut – bei optimaler Funktion bis zu 99 Prozent. Sie produziert Galle, um sie zu binden und aus dem Körper zu transportieren. Zu guter Letzt wandelt sie die Giftstoffe in einem zweistufigen Prozess um (Biotransformation) und scheidet sie dann aus. In Phase I wird durch verschiedene Prozesse die Wasserlöslichkeit der toxischen Verbindungen verbessert. In Phase II werden diese Stoffwechselprodukte von anderen Molekülen gebunden, sodass ihre Aktivität reduziert und ihr Abtransport erleichtert wird. Die Grundidee ist, die oftmals fettlöslichen Toxine in eher wasserlösliche Substanzen umzuwandeln, die leichter ausgeschieden werden können, statt in unseren Fettzellen gespeichert zu werden.

Deshalb müssen beim Abnehmen alle Entgiftungs- und Ausscheidungsorgane optimal arbeiten. Der Abbau von Fett setzt die darin gespeicherten Giftstoffe frei. Werden sie nicht beseitigt, können sie verheerende Schäden im Körper anrichten.

Glutathion: das Super-Antioxidans

Voraussetzung für diesen Reinigungsprozess ist ein ausreichender Vorrat an Glutathion (GSH). Dieses wichtige Antioxidans wird vom Körper selbst hergestellt, ist aber auch in manchen Nahrungsmitteln enthalten. Es unterstützt die Immunfunktion, lindert Entzündungen und schützt unsere Zellen und Zellmembranen. Kommen wir mit Giftstoffen in Berührung, wird es schneller verbraucht, als unser Körper es herstellen kann. Damit droht die Gefahr ungebundener Toxine, sogenannter freier Radikale. Diesen schädlichen Molekülen fehlt ein Elektron. Dadurch sind sie instabil und immer auf der Jagd nach Elektronen, um diesen Mangel auszugleichen. Sie gehen Bindungen mit anderen Molekülen ein, stehlen ihnen ein Elektron und erzeugen auf diese Weise weitere freie Radikale. So beginnt der Kreislauf von vorn. Antioxidantien wie Glutathion durchbrechen ihn. Raucher sind ein gutes Beispiel für Personen mit erhöhtem Glutathionbedarf: Erstens wird Nikotin und damit sehr viel Gift aufgenommen, das mithilfe von Glutathion und auf anderem Wege unschädlich gemacht werden muss. Zweitens müssen die freien Radikale der Toxine im Rauch stabilisiert werden, wozu noch mehr Glutathion und weitere Antioxidantien nötig sind.

WEITERE SÄUREN, DIE ENTGIFTEN

Bei der Fermentation von Kombucha entstehen Säuren wie zum Beispiel das 1,4 Lacton der Glucarsäure, das über eine erstaunliche Antioxidationskraft verfügt. Im Jahr 2010 veröffentlichte das *Journal of Chromatography* wissenschaftliche Forschungen über die fantastische Wirkung dieser Substanz. Sie hemmt schädliche Enzyme, deren einziger Daseinszweck es ist, die schützenden Bindungen zwischen Säuren und Toxinen zu lösen. Dadurch gelangen aber die Giftstoffe wieder ins Blut, statt sicher zur Leber transportiert, dort ordnungsgemäß entgiftet und aus dem Körper geleitet zu werden.

Außerdem enthält Kombucha Gluconsäure, die bei der Entgiftung eine Doppelrolle spielt: Erstens bindet sie Schwermetalle und unterstützt ihre Ausleitung und zweitens hilft sie der Glucuronsäure bei der Arbeit. Diese hat eine starke natürliche Entgiftungswirkung und ist an Phase II der Biotransformation beteiligt.

In der Frage, ob Kombucha selbst Glucuronsäure enthält, gehen die Meinungen auseinander. Dessen ungeachtet unterstützt er ihre Funktion und die Arbeit der Leber insgesamt.

Damit alles reibungslos läuft, brauchen wir bestimmte Nährstoffe, vor allem B-Vitamine und Vitamin C. Sie helfen bei der Produktion von Glutathion und der vollständigen Entgiftung. Kombucha enthält aber nicht nur B-Vitamine und Vitamin C, sondern erhöht durch den Gärprozess ihre Bioverfügbarkeit, also ihre Aufnahme in unseren Körper.

Obwohl es hier um den Nutzen von Kombucha für die Entgiftung geht, ist ein Glas davon viel mehr als eine Ansammlung von Säuren, Bakterien und Nährstoffen. Es stärkt den ganzen Körper und wirkt in allen Bereichen gesundheitsfördernd. In Verbindung mit einer vollwertigen Ernährung haben fermentierte Getränke und Nahrungsmittel großen Nutzen und fördern unser Wohlbefinden!

Kombucha und Glutathion

Glutathion ist enorm wichtig für unseren Körper und fermentierte Getränke mit ihrem hohen Antioxidantiengehalt schützen seine Vorräte – vor allem Kombucha. Laut einer 2001 in der Zeitschrift *Biomedical Environmental Science* erschienenen Studie verhindert er eine Absenkung des Glutathion-Niveaus bei Stress und Kälte.

Darüber hinaus soll er Leberzellen vor Schäden durch Medikamente wie Paracetamol und andere Chemikalien schützen. Möglicherweise ist dies auf seine antioxidative Wirkung zurückzuführen. Darauf verweist jedenfalls eine in der Zeitschrift *Pathophysiology* zitierte Studie aus dem Jahr 2011 sowie eine 2012 veröffentlichte in der Zeitschrift *Comparative Clinical Pathology*.

Kefir und Entgiftung

Kombucha steht aber nicht allein im Rampenlicht. Auch der Kefir mit seiner Armee nützlicher Bakterien schützt die Entgiftungsfunktion von Leber und Nieren. Zusätzlich zu den in Kapitel 1 erwähnten Vorzügen kann er Abbau und Ausscheidung von Pflanzenschutzmitteln fördern. Darüber hinaus scheinen sich Kefir und Kombucha in ihrer Wirkung gegenseitig zu unterstützen. Eine Studie, die 2010 in der Zeitschrift *Applied Biochemistry and Biotechnology* erschien, ergab eine symbiotische Beziehung zwischen den Mikroorganismen beider Getränke, welche die Wirkung von Kombucha erhöhte. Ein weiterer Sieg für den ganzheitlichen Gedanken! Es ist eben nicht nur ein einzelner Bakterienstamm oder ein bestimmter Aspekt der Fermentation wirksam – das Zusammenspiel verschiedener Faktoren ist entscheidend!

Die Vorzüge von Roter Bete und Rote-Bete-Kwass

Im März 2013 veröffentlichte die Zeitschrift *Phytotherapy Research* eine Studie über Rote Bete. Demnach schützt sie vor Leberschäden, verbessert Phase II der Biotransformation und steigert das Glutathion-Niveau. Eine weitere Untersuchung aus dem Jahr 2012 in der Zeitschrift *Food and Chemical Toxicology* konnte eine leberschützende Wirkung aufgrund bestimmter Antioxidantien, der sogenannten Betalaine, nachweisen. Rote Bete verfügt nicht nur über ein wunderbares Antioxidantienprofil, sondern wurde schon traditionell zur Behandlung von Leberstagnation, zur Blutreinigung und bei unspezifischen Leberbeschwerden eingesetzt. Dies macht sie zur perfekten Begleiterin aller fermentierten Getränke.

Nützliche Infos

- Die Leber ist das wichtigste Entgiftungsorgan und wird von Nieren, Darm, Lunge und Haut unterstützt.
- Glutathion ist ein starkes Antioxidans und am Entgiftungsprozess beteiligt. Es wird benötigt, um Giftstoffe unschädlich zu machen, denen wir ausgesetzt sind. Es steigert die Immunfunktion, lindert Entzündungen, schützt Zellen und Zellmembranen.
- Kombucha unterstützt den Entgiftungsprozess in mehrfacher Hinsicht: Er bewahrt die Glutathionvorräte des Körpers. Er schützt Leberzellen vor Schäden und erzeugt zusätzlich Antioxidantien. Er enthält Gluconsäure, die Schwermetalle bindet und ausleitet und die Glucuronsäure bei der Arbeit unterstützt. Glucuronsäure wirkt stark entgiftend und ist an Phase II der Biotransformation beteiligt.

Fermentierte Getränke zur Entgiftung und Reinigung

Entgiftungstee mit Ingwer und Kurkuma

Die sonnengelbe Kurkumawurzel ist entzündungshemmend, antioxidativ und krebshemmend. Sie regt Phase II der Biotransformation an und unterstützt die Leber. Ein beeindruckendes Wirkungsspektrum!

480 ml Kombucha (Seite 32)
2 Scheiben einer Bio-Zitrone
1 TL frischer Ingwer, ungeschält und gerieben
½ TL gemahlene Kurkuma

Kombucha mit Zitrone, Ingwer und Kurkuma in ein Glasgefäß geben. 2 bis 4 Tage fermentieren lassen. Servieren.

Wer nicht warten möchte, kann die Mischung auch ohne zweite Fermentation trinken: Kombucha einfach mit den anderen Zutaten mischen und sofort servieren.

Ergibt: 2 Portionen (ca. 480 Milliliter)

Kräuter-Entgiftungstee

Verstärken Sie die Entgiftungswirkung von Kombucha mit entsprechenden Kräutern! Diese Mischung reinigt das Lymphsystem, unterstützt Leber und Nieren und eignet sich wunderbar für eine Entgiftungskur. Zudem klärt sie die Haut.

180 ml Wasser
½ TL getrocknete Ringelblumen
½ TL getrocknete Brennnesseln
½ TL getrocknete Löwenzahnblätter
½ TL getrocknete Pfefferminze
60 ml Kombucha (Seite 32)

Kräuter in einem Glas mit kochendem Wasser überbrühen. 5 bis 10 Minuten ziehen lassen. Abseihen und abkühlen lassen. Kombucha zugeben und in kleinen Schlucken trinken.

Ergibt: 1 Portion (ca. 240 Milliliter)

Smoothie für „den Morgen danach“

Diesen Drink werden Sie kaum vorbereiten. Die Zubereitung sollte schnell gehen und nicht allzu viele Gedanken erfordern. Im Kampf gegen den Kater braucht der Körper Basen und etwas Unterstützung für die Leber. Deshalb habe ich möglichst viel davon in dieses Rezept gepackt. Die Gurke ist stark basenbildend. Avocado und Spirulina erhöhen die basische Wirkung und liefern B-Vitamine, gute Fette und Proteine, der Apfel zusätzliches Glutathion. Das sollte Sie wieder ins Gleichgewicht bringen.

160 ml Wasser
80 ml Kombucha (Seite 32)
1 Stück Gurke, etwa 7,5 cm
½ grüner Bio-Apfel
¼ Avocado, entkernt und geschält
1–2 Prisen Spirulinapulver oder so viel Sie vertragen
2–3 Eiswürfel

Alle Zutaten in einen Mixer geben und bei hoher Geschwindigkeit gründlich pürieren. In kleinen Schlucken trinken, um die maximale Aufnahme zu gewährleisten.

Ergibt: 1½ Portionen (ca. 360 Milliliter)

Kater-Killer

Dieses Stärkungsmittel ähnelt dem Smoothie von Seite 82 und ist für alle, die es weniger dickflüssig mögen. Außerdem enthält es zusätzliche Elektrolyte aus Kokoswasser.

80 ml Kokoswasserkefir (Seite 30)
80 ml Wasser
1 Stück Gurke, etwa 7,5 cm
¼ grüner Bio-Apfel
1 kräftiger Spritzer Zitronen- oder Limettensaft
4–6 frische Minzblätter
¼–½ TL Ingwer, geschält und gerieben
2–3 Eiswürfel

Alle Zutaten in einen Mixer geben und bei hoher Geschwindigkeit gründlich pürieren. Sofort servieren.

Ergibt: 1 Portion (ca. 240 Milliliter)

Morgendliches Lebertonikum

Einfach, aber wirkungsvoll. Zitrone gibt am Morgen den ultimativen Kick. Sie kurbelt die Verdauung an und macht Sie fit für den Tag.

120 ml Kombucha (Seite 32)
$\frac{1}{2}$–1 TL frisch gepresster Zitronensaft

Kombucha mit $\frac{1}{2}$ Teelöffel Zitronensaft mischen, auf Wunsch auch mehr. Nach dem Aufwachen und vor dem Frühstück in kleinen Schlucken trinken.

Ergibt: $\frac{1}{2}$ Portion (ca. 120 Milliliter)

Löwenzahn-Gewürztee

Geröstete Löwenzahnwurzel tut Leber und Verdauung gut. Sie fördert die Produktion und Ausschüttung der Galle. Mit ihrer leicht harntreibenden Wirkung verbessert sie die Ausscheidung von Abfallstoffen, mit ihrem bitteren Geschmack kurbelt sie die Ausschüttung der Verdauungsenzyme an. Eine wahre Wohltat!

240 ml Kombucha (Seite 32)
1 Beutel Löwenzahnwurzeltee oder 1 TL Löwenzahnwurzel, gerieben
1 Zimtstange
1 Prise Muskatnuss
1 Prise gemahlener Ingwer

Schraubdeckelglas mit Kombucha, Löwenzahnwurzel und Zimtstange füllen und verschließen. Bei Zimmertemperatur 1 Tag stehen lassen. Mit Muskatnuss und Ingwer gewürzt servieren.

Ergibt: 1 Portion (ca. 240 Milliliter)

Wunder-Bete-„Bucha"

Ich bin verrückt nach Roter Bete. Sie wird völlig unterschätzt, ist enorm nährstoffreich und herrlich farbenfroh. Studien zufolge schützt sie die Leberzellen und unterstützt Phase II der Biotransformation. Rote Bete ist einfach fantastisch für die Leber. Sie enthält eine wunderbare Mischung an Antioxidantien und wird traditionell zur Behandlung von Leberstagnation, zur Blutreinigung sowie bei Leberbeschwerden aller Art eingesetzt. Mit Kombucha wird ein wirksamer Entgiftungsdrink daraus, der zufällig auch noch erfrischend köstlich ist!

1 große Rote Bete in Bio-Qualität
120 ml Kombucha (Seite 32)
frische Minzblätter zum Garnieren

Rote Bete schälen und entsaften. Gebraucht werden etwa 120 Milliliter Saft. Mit dem Kombucha in ein Glas geben und mit den frischen Minzblättern garnieren. Zurücklehnen, genießen und sich darüber freuen, dass die gute Tat für diesen Tag getan ist: Sie haben Ihrer Leber geholfen.

Ergibt: 1 Portion (ca. 240 Milliliter)

Rote-Bete-Kombucha mit Ingwer

Dieses kleine Kraftpaket ist eine Variation des vorigen Rezepts, unterscheidet sich jedoch in der Herstellung und durch die Zugabe von Ingwer. Es eignet sich wunderbar zur Entgiftung der Leber und hilft, wenn Sie nicht ganz fit sind. Der Ingwer bringt Ihren Kreislauf in Schwung, die Rote Bete versorgt Ihren Körper mit Antioxidantien, Eisen, Kalium, Mangan, Magnesium, B-Vitaminen und Vitamin C.

120 ml Kombucha (Seite 32)

60 g grob gehackte Rote Bete, in Bio-Qualität

1½ TL frischer Ingwer, ungeschält und fein gehackt

Alle Zutaten in ein luftdicht verschließbares Glasgefäß geben. Bei Zimmertemperatur 1 bis 2 Tage stehen lassen. Regelmäßig nachsehen, da sich mit der Zeit Kohlensäure bildet. Das Getränk ist fertig, wenn der gewünschte Säuerungsgrad erreicht ist. Abseihen, sofort servieren oder in eine luftdichte Flasche füllen. Im Kühlschrank ist es 1 Monat haltbar.

Ergibt: ½ Portion (ca. 120 Milliliter)

Rote-Bete-Ingwer-Kwass

Dieses Rezept hat Ähnlichkeit mit dem Rote-Bete-Kwass (Seite 71). Hier wirkt der Ingwer als geschmackliches Gegengewicht zum Salz. Am besten als morgendliches Stärkungsmittel in kleinen Schlucken trinken.

2 große oder 3 mittelgroße Rote Bete, in Bio-Qualität

1 Stück Ingwer, etwa 5 cm, ungeschält und in Scheiben geschnitten

15 g Meersalz

Wasser nach Bedarf

Rote Bete gründlich waschen, aber nicht schälen, unschöne Stellen ausschneiden. Die Rübe grob hacken und in ein 2-Liter-Glas geben. Ingwer und Salz zufügen und mit Wasser auffüllen. Unter dem Rand ein paar Zentimeter Platz lassen, da bei der Gärung Kohlensäure entsteht.

Bei Zimmertemperatur 1 bis 2 Wochen stehen lassen, bis der gewünschte Säuerungsgrad erreicht ist. In ein sauberes Glasgefäß abseihen. Der Kwass kann sofort serviert oder 1 Monat im Kühlschrank aufbewahrt werden.

Ergibt: 8 Portionen (ca. 2 Liter)

KAPITEL 4

Fermentierte Getränke für gesunde Kinder – von Anfang an

Viele unserer Eigenschaften erben wir von unseren Eltern. Unsere schönen blauen Augen, unsere hinreißenden Sommersprossen – und unsere Darmflora. Eines der ersten Geschenke unserer Mütter an uns ist der bakterielle Grundstock für das ganze Leben. Auf der Reise durch den Geburtskanal schlucken wir eine ordentliche Portion mütterlicher Bakterien. Sie dienen als Vorlage für unser persönliches mikrobielles Ökosystem. Laut einer 2004 im *Journal of Pediatric Gastroenterology and Nutrition* veröffentlichten Studie war bei Säuglingen von Müttern, die gegen Ende der Schwangerschaft ein Probiotikum mit *Lactobacillus rhamnosus* GG bekamen, der Darm 6 Monate lang von diesen Bakterien besiedelt. Im Alter von 5 Tagen besaßen sie außerdem mehr *Bifidobacterium breve* als die Kontrollgruppe. Ihr Darm war also bereits zu diesem Zeitpunkt besser besiedelt.

Der Kontakt mit den mütterlichen Bakterien ist der erste Schritt zu einer gesunden Verdauung und einer geringen Krankheitsanfälligkeit. Fraglich ist allerdings die Qualität dieses Geburtstagsgeschenks.

Ursprünglich ging man davon aus, dass der Verdauungstrakt eines Kindes im Mutterleib steril sei. Unlängst haben einige Studien gezeigt, dass die Besiedelung möglicherweise schon während der Schwangerschaft beginnt. In einem in der *Public Library of Science* archivierten Artikel aus dem Jahr 2008 heißt es, die Vielfalt der Mikroorganismen im Fruchtwasser sei größer als bislang angenommen.

Deshalb ist es wichtig, dass die Darmflora der Mutter während und möglichst auch vor der Schwangerschaft in einem optimalen Zustand ist. Nehmen Sie Ihre Probiotika – ob in Pulverform, als fermentierte Getränke oder Nahrungsmittel. Das ist doch eigentlich ganz einfach. Unser Wissen über Darmbakterien verweist immer eindeutiger darauf, dass der Zustand des mütterlichen Darms die Entwicklung des Immunsystems, die Verdauung und auch das Verhalten des Kindes beeinflussen kann. Größere Darmprobleme sollten also noch vor der Schwangerschaft beseitigt werden. Der Genuss fermentierter Getränke vor der Empfängnis ist dafür eine wunderbare Möglichkeit.

WIE BAKTERIEN DIE GEBURTSZEIT BEEINFLUSSEN

Babys schlucken zwischen 400 und 500 Milliliter Fruchtwasser täglich. Da ist es durchaus sinnvoll, seine Zusammensetzung zu untersuchen. Erste Forschungen zeigen offenbar einen Zusammenhang zwischen dem mikrobiellen Gleichgewicht des Fruchtwassers und einer Frühgeburt. Weitere Untersuchungen sind noch nötig, aber anscheinend besteht ein Zusammenhang zwischen der Art der Bakterien, möglichen Infektionen des Fruchtwassers und einer Geburt vor Vollendung der 37. Schwangerschaftswoche. Wie das *Journal of Clinical Neonatology* im Jahr 2011 berichtete, ist man folgender Ansicht: Mikroorganismen, die vom Kind über infiziertes Fruchtwasser aufgenommen wurden, könnten eine Entzündung und damit eine Kettenreaktion auslösen, die eine Frühgeburt verursacht.

Die Darmflora der Mutter

In der Schwangerschaft kommt es zu dramatischen Veränderungen im Hormonhaushalt. Der Anstieg bestimmter Hormone kann Symptome wie üppiges Haar, strahlende Haut, kräftigere Fingernägel, Übelkeit, Verstopfung, Schlafstörungen und Sodbrennen mit sich bringen. Das sind die Höhen und Tiefen der Schwangerschaft! Die hormonellen Veränderungen beeinflussen aber auch die Verdauung. Progesteron ist eines der wichtigsten schwangerschaftserhaltenden Hormone. Nach dem Eisprung steigt der Progesteronspiegel, bis er gegen Ende des Zyklus seinen Höhepunkt erreicht. Im normalen Menstruationszyklus fällt er danach wieder ab. Im Falle einer Empfängnis tut er das nicht. Leider kann dieses Progesteron eine gedeihliche Umgebung für schädliche Bakterien und Hefen schaffen. Der erhöhte Zuckerspiegel, der für die Entwicklung des kindlichen Gehirns nötig ist, erzeugt zudem ein saures Milieu, in dem sich gewisse ungebärdige Bakterien wohlfühlen. Eine solche Unausgewogenheit der Darmflora vor der Schwangerschaft kann sich in den neun Monaten bis zur Geburt noch verstärken.

Warum ist eine gesunde Darmflora in der Schwangerschaft so wichtig?

Im Rahmen einer 2010 im *British Journal of Nutrition* erschienenen Studie wurden Stuhlproben von Schwangeren untersucht. Die Analyse ergab einen Zusammenhang zwischen einer größeren Menge nützlicher Darmbakterien, einem höheren Folsäurespiegel, einem höheren Anteil „guten" HDL-Cholesterins und einem gesunden Gewicht. Eine fantastische Nachricht, da Folsäure in der Schwangerschaft wichtig ist, um Fehlbildungen beim Kind zu verhindern.

Laut einer weiteren Untersuchung aus dem Jahr 2008 erhöhte der Verzehr von Milch mit *Lactobacillus casei* DN114001 in den sechs Wochen vor und nach der Geburt die Zahl der weißen Blutkörperchen bei der Mutter und senkte die Menge der Entzündungsmarker in der Muttermilch. Ihre Kinder litten seltener unter Verdauungsbeschwerden als die Säuglinge der Kontrollgruppe.

Im Jahr 2009 analysierte eine im *British Journal of Nutrition* erschienene Studie, wie sich die Einnahme von *Lactobacillus rhamnosus* GG und *Bifidobacterium lactis* Bb12 zusammen mit einer Ernährungsberatung auswirkte. Die so versorgten Frauen hatten einen besseren Glukosestoffwechsel und ein geringeres Risiko erhöhter Glukosekonzentration im Blut. Außerdem war die Insulinresistenz im letzten Schwangerschaftsdrittel schwächer ausgeprägt als bei den Müttern, die nur die Ernährungsberatung bekommen hatten. Ein ausgeglichener Blutzuckerspiegel aber ist wichtig für das optimale Wachstum des Fötus und die Gesundheit von Mutter und Kind.

Wie lässt sich die Darmgesundheit in der Schwangerschaft verbessern?

Fermentierte Getränke können die Ernährung in der Schwangerschaft wunderbar ergänzen. Sie schaffen die Basis für ein gesundes Gleichgewicht im Darm und erhöhen die Nährstoffzufuhr – vor allem durch die bei der Gärung entstehenden B-Vitamine. Die Bioverfügbarkeit von Mineralstoffen wird verbessert, bestimmte Verbindungen werden gespalten und verdaulicher gemacht. Milchsäurebakterien etwa verwandeln Laktose in die besser verdauliche Milchsäure.

Vor der Neueinführung fermentierter Getränke erst *während* der Schwangerschaft muss man allerdings warnen. Obwohl kaum Forschungen hierzu vorliegen, lautet die allgemeine Empfehlung: Wenn Sie nicht bereits regelmäßig fermentierte Getränke zu sich nehmen, sollten Sie damit nicht während der Schwangerschaft beginnen. Aus mehreren Gründen:

Da fermentierte Getränke entgiftend wirken, können Toxine ins Blut der Mutter und dadurch auch zum Kind gelangen. In der Schwangerschaft sollte man von einer Entgiftung absehen, da das Kind mit der zeitweilig erhöhten Giftkonzentration im Körper fertigwerden müsste.

Dr. Miin Chan von *Doctor Chan's Feeling Good Ferments* empfiehlt Frauen, die in der Schwangerschaft und Stillzeit fermentierte Getränke trinken, auf eine ausreichende Flüssigkeitszufuhr zu achten.

Außerdem rät sie Schwangeren und stillenden Müttern von der Eigenfermentation ab, da die komplexe Mischung aus Bakterien und Hefen riskant sein kann. Es besteht immer die geringe Möglichkeit, dass bei der Fermentation etwas schiefgeht. In diesem Fall sollte man den Ansatz entsorgen und keinesfalls einer Schwangeren verabreichen. Frauen, die trotz dieser Bedenken selbst fermentierte Getränke trinken möchten, empfiehlt Dr. Chan, die Eigenproduktionen mit pH-Teststreifen aus der Apotheke zu prüfen.

Ein Vorbehalt gilt auch für Mütter mit Erkrankungen des Immunsystems oder Schwangerschaftsdiabetes. Sie sollten den Verzehr fermentierter Getränke mit ihrem Arzt besprechen.

Laut Dr. Chan ist der geringe Alkoholanteil selbst fermentierter Getränke unproblematisch. Letzten Endes aber liegt die Entscheidung bei der Mutter in Absprache mit ihrem Arzt. Stillenden Müttern gibt sie den nützlichen Rat, nach dem Verzehr von Kombucha mindestens eine Stunde mit dem Stillen zu warten. So hat die Leber Zeit, den Alkohol abzubauen.

Trotz alledem hat der Genuss fermentierter Getränke in der Schwangerschaft viele Vorteile. Laut Dr. Chan können sie Schwangeren Energie schenken, das mikrobielle Gleichgewicht und die Aufnahme von Vitaminen und Mineralstoffen verbessern sowie Sodbrennen und Verstopfung lindern. Letztlich entscheidet jede Frau in Absprache mit ihrem Arzt selbst über den Verzehr von fermentierten Getränken in dieser Zeit.

Natürliche Geburt oder Kaiserschnitt?

Unter normalen Umständen ist eine natürliche Geburt zweifellos das Beste für Mutter und Kind, da ein Kaiserschnitt ein höheres Risiko für beide birgt. Aber der Anteil dieser Operationen wächst. In einer 2009 in der Zeitschrift *Birth* erschienenen Studie hieß es, in Kanada käme mittlerweile jedes vierte Kind per Kaiserschnitt zur Welt. In den Vereinigten Staaten liegt der Anteil bei über 32 Prozent (*National Vital Statistics Report*, 2009), in China bei knapp 50 Prozent (*Lancet*, 2010) und in Brasilien bei 43,9 Prozent. Bei Privatpatientinnen mit höherem Einkommen kann der Anteil sogar bis zu 77 Prozent erreichen (*Acta Obstetricia et Gynecologica Scandinavica*, 2010). Abgesehen von möglichen Komplikationen für das Neugeborene, erhöht eine Entbindung per Kaiserschnitt das Risiko, Asthma, Übergewicht und Diabetes Typ 1 zu entwickeln. Eine mögliche Erklärung hierfür ist die Zusammensetzung der Darmflora. Kaiserschnittbabys werden nicht mit den gleichen Bakterien „geimpft" wie Neugeborene, die den Geburtskanal passieren.

Laut einem 2013 in der Zeitschrift *Clinical and Developmental Immunology* erschienenen Artikel entwickelt sich die Darmflora bei Kindern, die per Kaiserschnitt zur Welt kommen, mit Verzögerung und folgt anderen Besiedelungsmustern. Die Darmflora vaginal entbundener Säuglinge ähnelt dem Scheidenmilieu der Mutter. Bei Kindern, die per Kaiserschnitt entbunden wurden, ähnelt sie dem Milieu der mütterlichen Haut. Eine 2013 im *Canadian Medical Association Journal* veröffentlichte Untersuchung fand bei Kaiserschnittbabys weniger nützliche Bakterien. Einige (Bifidobakterien) fehlten sogar ganz.

Einer 2013 in der Zeitschrift *Applied and Environmental Microbiology* erschienenen Studie zufolge machen Bifidobakterien ungefähr 60 Prozent der kindlichen Darmflora aus. Sie unterstützen die korrekte Entwicklung des kindlichen Immunsystems. Dies gilt insbesondere für *Bifidobacterium breve*, das die Produktion von Serum-IgA fördert, dem wichtigsten Immunglobulin zum Schutz der Schleimhäute vor Krankheitserregern (siehe Kapitel 2).

Die geringste Bakterienvielfalt wurde von der Gruppe der Wunschkaiserschnitte, eine größere von der Gruppe der Notfallkaiserschnitte berichtet. Möglicherweise ist dies darauf zurückzuführen, dass per Notfallkaiserschnitt entbundene Säuglinge wenigstens kurz mit den Mikroorganismen der Mutter in Berührung gekommen waren.

Es ist nicht sicher, ob die bakterielle Vielfalt ausschlaggebend für die Darmgesundheit des Säuglings ist, oder ob es darauf ankommt, dass bestimmte Stämme oder Kombinationen vorhanden sind. Wir wissen noch nicht einmal, wie der perfekt besiedelte Säuglingsdarm auszusehen hat. Nach den mir bekannten Forschungen dürfte das sowohl von der geografischen Lage als auch von der mütterlichen Ernährung vor der Entbindung abhängen.

In Puerto Rico finden derzeit weitere spannende Untersuchungen statt. Wie der Autor Michael Pollan schreibt, experimentiert man damit, einen Vaginalabstrich der Mutter per Hand auf die Darmflora von Kaiserschnittbabys zu übertragen. Dadurch soll ihnen Starthilfe für ihr Darm-Mikrobiom gegeben werden. Eine wunderbare Idee, die hoffentlich Erfolg verspricht.

Was steckt eigentlich in der Muttermilch?

Früher galt Muttermilch als keimfrei, aber das stimmt nicht. Neuere Studien – wie unter anderem 2013 in der Zeitschrift *Pharmacological Research* erschienen –

NÜTZLICHE BAKTERIEN IM DARM DES KINDES

Die Erstbesiedelung des Verdauungstrakts ist ein hochkomplexer, teilweise noch unerforschter Vorgang. Fest steht, dass der Kontakt mit der mütterlichen Flora im Geburtskanal die Grundlage für unser Darm-Mikrobiom bildet. Dass der Fötus mit Mikroorganismen im Fruchtwasser in Berührung kommen kann, ist ebenfalls bekannt.

Die Darmflora eines Säuglings ist veränderlicher als die eines Erwachsenen. Laut der Zeitschrift *Applied and Environmental Microbiology* ist unklar, welche Bakterien dominieren – im Alter von einigen Wochen machen wohl die Bifidobakterien den größten Anteil aus. Die genaue Zusammensetzung hängt stark von der Ernährung ab. Ob ein Kind die Brust oder die Flasche bekommt und was beim Abstillen geschieht, hat enorme Auswirkungen auf die Entwicklung seiner Darmflora.

Auch die Bakterien auf der mütterlichen Haut oder aus der Umgebung spielen eine Rolle – genauso wie eine eventuelle Antibiotikabehandlung der Mutter in der Schwangerschaft oder des Neugeborenen.

Die Darmflora beeinflusst offenbar sogar das Verhalten von Säuglingen. Eine 2013 im *Official Journal of the American Academy of Pediatrics* erschienene Studie zeigte: Das Auftreten von Säuglingskoliken stand in deutlichem Zusammenhang mit einem höheren Anteil an Proteobakterien und zugleich geringeren Mengen an Bifidobakterien und Laktobazillen. Proteobakterien produzieren nämlich Gas und können deshalb Koliksymptome wie Bauchschmerzen und ausdauerndes Schreien verursachen.

belegen, dass sie nützliche Bakterien enthält. Dabei dominieren Milchsäure- und Bifidobakterien sowie Staphylokokken und Streptokokken, die zur gesunden Darmflora gehören. Sie sollen den Säugling vor Infektionen schützen und die Entwicklung eines gesunden Immunsystems fördern. 1 Liter Muttermilch enthält 40 Gramm Fett, 8 Gramm Protein, 70 Gramm Laktose und 5 bis 15 Gramm Oligosaccharide (Kohlehydrate). Zu Beginn finden sich zudem große Mengen sekretorische IgAs, Immunzellen, Entzündungsmediatoren, Hormone und Wachstumsfaktoren. Alles in allem ist Muttermilch wie flüssiges Gold für Säuglinge.

Stillen Sie! – Für die Darmgesundheit Ihres Kindes

Gegen Ende der Schwangerschaft und in der Stillzeit wandern Bakterien aus dem mütterlichen Darm in die Milchdrüsen und werden ans Kind weitergegeben. Für die richtige Besiedelung des kindlichen Darms ist das wunderbar. Allerdings kann es auch negative Folgen haben: Eine übertriebene Ausbreitung schädlicher Bakterien im Darm der Mutter kann Brustdrüsenentzündungen verursachen. Damit ist der Säugling diesen schädlichen Mikroorganismen ausgesetzt, und es kann zu Stillproblemen und vorzeitigem Abstillen führen.

Im Darm von Stillkindern dominieren Bifidobakterien. Erst mit der Einführung fester Nahrung wird die Flora durch eine größere mikrobielle Vielfalt vervollständigt. Bei Flaschenkindern überwiegen häufig *Peptostreptococcaceae* und *Verrucomicrobiaceae*. Bei Ersteren handelt es sich um die Bakterienart *Clostridium difficile*, die mit Darmerkrankungen und Allergien in Zusammenhang gebracht wird (*Canadian Medical Association Journal*, 2013).

Interessanterweise weisen vaginal entbundene Säuglinge in den ersten zwei bis drei Tagen eine Besiedelung mit potenziell schädlichen Bakterien und inaktiven Ruminokokken auf, ehe Bifidobakterien und Laktobazillen übernehmen. Laut einer 2008 von der *American Society for Nutrition* veröffentlichten Studie hemmen Ruminokokken das Wachstum krankmachender Bakterien – auch der Clostridien. Die Oligosaccharide in der Muttermilch sind die perfekte Nahrung für sie. Dies erklärt, warum Flaschenkinder oft deutlich mehr Clostridien im Darm haben. Bei ihnen ist die Besiedelung mit Bifidobakterien auch erst im Alter von sechs Monaten abgeschlossen.

Muttermilch: Nicht nur fürs Kind!

Die Ernährungswissenschaft ist auf der Suche nach einer Erklärung für die Oligosaccharide in der Muttermilch, da Neugeborenen das Enzym für ihre Verdauung fehlt. Gewiss würde Mutter Natur dafür sorgen, dass unsere erste Nahrung rundum perfekt ist! Aber die Oligosaccharide sind auch nicht für das Kind da, sondern für die Bakterien! Sie ernähren nämlich das *Bifidobacterium infantis*, das an der Verdauung der komplexen Kohlehydrate in der Muttermilch und der festen Nahrung beteiligt ist (*Clinical and Developmental Immunology*, 2013). Somit dient die perfekte, im Laufe der Evolution entwickelte und verbesserte Muttermilch dem Kind als Probiotikum und den Mikroorganismen als Präbiotikum. In jüngster Zeit setzen die Hersteller von Säuglingsnahrung ihren Produkten Präbiotika und/oder Probiotika zu, da immer deutlicher wird, wie wichtig ein richtig besiedelter Darm ist – von Anfang an.

Was passiert beim Abstillen?

Feste Nahrung bringt eine große Veränderung der Darmflora mit sich. Wie Ewing und Tucker in *The Living Gut* schreiben, ist das Abstillen eine kritische Phase, da mit der Muttermilch auch die stete Zufuhr nützlicher Substanzen wegfällt und die Zahl der guten Bakterien mitsamt ihrer positiven Wirkung abnimmt. Während sich das neue bakterielle Gleichgewicht einpendelt, können sich Krankheitserreger breitmachen. Hier könnte die Zugabe fermentierter Nahrung helfen.

Kinder und fermentierte Nahrung

Bei der Einführung von Milchprodukten ist Kefir eindeutig die beste Wahl. Laut einer 2008 in der Zeitschrift *BMC Immunology* erschienenen Studie erhöhte der Verzehr von mit *Lactobacillus casei* DN-114 001 fermentierter Milch durch die stillende Mutter oder das abgestillte Kind die Zahl der Bifidobakterien im Darm. Enterobakterien und Clostridien wurden zurückgedrängt.

Im Kefir ist die Laktose bereits ganz oder teilweise gespalten, was ihn deutlich verträglicher und leicht verdaulich macht. Außerdem bringt er zusätzliche Nährstoffe mit und stärkt das Immunsystem.

Dr. phil. Jason Hawrelak von *Goulds Naturopathica* im australischen Hobart bestätigt, dass Kefir sich ideal zur Einführung von Milchprodukten eignet. Zu bedenken ist lediglich, dass er saurer schmeckt als Milch. Aber man kann ihn ja mit etwas Banane oder Beeren süßen. Und wenn Kinder die leichte Säure fermentierter Nahrungsmittel kennenlernen, kann dies zur Entwicklung eines ausgewogenen Geschmackssinns beitragen, statt sie ausschließlich auf süß und salzig zu programmieren.

Auch Wasserkefir ist herrlich kinderfreundlich. Er ist relativ süß, prickelt ein wenig und lässt sich mit Obst und anderen Aromen verfeinern.

Bei der Frage, ob Kombucha für Kinder geeignet ist, ist zu bedenken, dass er normalerweise aus koffeinhaltigem Schwarztee hergestellt wird. Fertiger Kombucha enthält zwar nur sehr wenig Koffein (siehe „Häufig gestellte Fragen", Seite 178 ff.), dennoch könnten Sie ihn deshalb ablehnen. Vielleicht ist es Ihnen aber lieber, wenn Ihr Kind etwas Natürliches trinkt anstatt Limonade. Die Entscheidung über den Verzehr fermentierter Getränke liegt natürlich immer bei den Eltern.

Nützliche Infos

- Wir erben unsere Darmflora, und der erste Kontakt mit dem mütterlichen Mikrobiom im Geburtskanal bildet die Grundlage für eine gesunde Verdauung und lebenslang gute Immunabwehr.
- Die Darmgesundheit der Mutter kann die Entwicklung des Immunsystems, die Verdauung und die Nährstoffaufnahme sowie das Verhalten des Kindes beeinflussen.
- Schwangere, die mehr nützliche Bakterien im Darm haben, haben auch mehr Folsäure, mehr gutes Cholesterin und ein gesundes Gewicht.
- Kinder von Frauen, die in der Schwangerschaft und nach der Entbindung Probiotika nehmen, leiden meist seltener unter Verdauungsbeschwerden.
- Ob ein Kind die Brust oder die Flasche bekommt und was geschieht, wenn feste Nahrung folgt, hat enorme Auswirkungen auf die Entwicklung seiner Darmflora und die Besiedelung seines Darms.

Fermentierte Getränke für gesunde Mütter – und Kinder

Roh fermentierte Mandel-Kokosmilch mit Schoko-Gewürzmischung

Dies dürfte mein Lieblingsrezept sein – und es fällt mir sehr schwer, Favoriten zu küren. Die Schoko-Gewürzmischung ist einfach göttlich und verleiht Milchgetränken aller Art ein köstliches Aroma. Die Kombination aus Mandeln und Kokosmilch liefert nahrhafte Proteine und Elektrolyte. Das Rezept schmeckt natürlich auch mit Milchkefir.

150 g Mandeln in Rohkostqualität
1 Spritzer Zitronensaft
480 ml Kokoswasser
1 EL Wasserkefir (Seite 26) oder Kokoswasserkefir (Seite 30)
2 TL Schoko-Gewürzmischung (siehe unten)

Schoko-Gewürzmischung

2 EL Kokosraspel in Bioqualität
1 EL Kakaonibs (Kakaobohnenbruch) in Rohkostqualität
2 TL naturreines Vanillepulver
½ TL Bio-Orangenschale, abgerieben
¼ TL gemahlener Ingwer

Zutaten in einem kleinen Mixer mahlen. Im Kühlschrank aufbewahren.

Ergibt: 2 gehäufte Esslöffel

Mandeln bei Zimmertemperatur über Nacht in Wasser und Zitronensaft einweichen. Abspülen und abtropfen lassen.

Mandeln mit Kokoswasser im Mixer pürieren. Durch einen Nussmilchbeutel, ein Sieb oder ein Mulltuch gießen und gut auspressen. Die festen Mandelbestandteile aufbewahren und zum Backen verwenden. Die Mandelmilch in einem Glasgefäß mit dem Kefir mischen.

Gewürzmischung in eine Teekugel geben oder in ein Mulltuch binden. In die Mandelmilch hängen und Ansatz bei Zimmertemperatur 6 bis 8 Stunden stehen lassen oder bis der gewünschte Säuerungsgrad erreicht ist.

Das Getränk kann sofort serviert oder luftdicht verschlossen 1 Woche im Kühlschrank aufbewahrt werden.

Ergibt: 2 Portionen (ca. 480 Milliliter)

Fermentierter Erdbeer-Chia-Drink

Da ein paar Chia- und Kombuchadrinks auf dem Markt sind, wollte ich ein Rezept zum Selbermachen anbieten. Die Fermentationsgrundlage können Sie selbst wählen. Mit den Chiasamen können Sie dann die Konsistenz der Mischung regulieren. Chiasamen enthalten herrlich viel Eiweiß, Mineralien und essenzielle Fettsäuren. Ich verwende ganze Samen. Um ihnen möglichst viele Nährstoffe zu entlocken, sollte man sie jedoch zerkleinern. Wenn Sie möchten, können Sie die Hälfte der Chiasamen oder die gesamte Menge mahlen.

50 g Chiasamen
200 ml Wasser
480 ml Kombucha (Seite 32) oder ein beliebiger Kefir (Seite 24 ff.)
80 g frische oder tiefgefrorene Bio-Erdbeeren
1/3 Vanilleschote, aufgeschlitzt

Chiasamen 10 Minuten im Wasser quellen lassen, bis alles aufgesogen ist.

Kombucha oder Kefir mit den gequollenen Chiasamen, den Erdbeeren und der Vanilleschote in ein Glasgefäß geben. Verschließen und 1 Tag bei Zimmertemperatur stehen lassen. Erdbeeren und Vanilleschote entfernen und umrühren. Sofort servieren. Falls Sie keine ganzen Chiasamen in Ihrem Drink haben möchten, können Sie ihn mit dem Pürierstab oder im Standmixer pürieren.

Ergibt: 2 Portionen (ca. 480 Milliliter)

Superfood-Kombucha

Dieses fermentierte Getränk enthält das Beste vieler Superfoods. Da ist nicht nur der rundum fabelhafte Kombucha. Maca-Pulver (eine energetisierende Supernahrung; mehr zu diesem Thema siehe Seite 160) dient als Energiespritze. Açaibeeren-Pulver liefert wertvolle Antioxidantien. Und Chiasamen bringen zusätzliche Proteine, Ballaststoffe und Mineralien. So wird dieser Drink zum perfekten Stärkungsmittel!

2 EL Chiasamen
100 ml Wasser
480 ml Kombucha (Seite 32)
1 TL Maca-Pulver in Bio-Qualität
1 TL Açaibeeren-Pulver in Bio-Qualität
3–4 Scheiben Bio-Zitrone

Chiasamen 10 Minuten im Wasser quellen lassen, bis alles aufgesogen ist.

Alle Zutaten in ein Glasgefäß geben, verschließen und bei Zimmertemperatur 2 Tage stehen lassen. Danach kann die Mischung sofort serviert oder luftdicht verschlossen 1 Woche im Kühlschrank aufbewahrt werden.

Ergibt: 2 Portionen (ca. 540 Milliliter)

Fruchtbarkeits-Smoothie

Ein gesunder mütterlicher Darm ist wichtig für Immun- und Verdauungsfunktion des heranwachsenden Kindes. Dieser Smoothie enthält viele gute Fette, die für das hormonelle Gleichgewicht der Mutter und die Entwicklung des Kindes benötigt werden.

360 ml Kokoswasserkefir (Seite 30) oder Wasserkefir (Seite 26)
¼–½ Avocado, entkernt und geschält
1 tiefgefrorene Banane
15 g Spinatblätter
3 EL Chiasamen
3 EL frisch gepresster Zitronen- oder Limettensaft
6 frische Minzblätter, auf Wunsch auch mehr
½ TL Spirulinapulver (nach Belieben)

Alle Zutaten in einen Mixer geben und bei hoher Geschwindigkeit gründlich pürieren. Dieser Smoothie wird so cremig, dass man ihn löffeln kann! Wer es dünnflüssiger mag, gibt noch etwas Kefir oder Wasser dazu, bis die gewünschte Konsistenz erreicht ist. Sofort servieren.

Ergibt: 2 Portionen (ca. 480 Milliliter)

Stärkungsmittel für stillende Mütter

Dieses Rezept enthält Quinoasamen, die wunderbar reich an Proteinen und Mineralstoffen wie Magnesium und Eisen sind. Kokoswasser strotzt vor natürlichen Elektrolyten und füllt die Nährstoffvorräte des Körpers auf, an denen der ständige Energieverbrauch beim Stillen zehrt. Mit 1 Prise Zimt und etwas Honig genießen oder einen Smoothie mit Beeren, Banane oder Kokosmilch daraus mixen.

85 g Quinoa
1 Spritzer Zitronensaft
240 ml Kokoswasser
1 EL Wasserkefir (Seite 26) oder 1 Prise Kefirferment

Quinoa in eine Schüssel geben und mit Wasser bedecken. Einen Spritzer Zitronensaft zugeben, mit einem sauberen Geschirrtuch abdecken und bei Zimmertemperatur über Nacht stehen lassen.

Wasser abgießen und Samen mehrmals abspülen, um den bitteren Geschmack zu mildern.

Quinoa und Kokoswasser in einen Mixer geben und gründlich pürieren. Mischung durch einen Nussmilchbeutel oder ein feines Mulltuch gießen und fest ausdrücken.

Quinoamilch und Kefir in ein sauberes Glas geben, Mulltuch darüber breiten und mit Gummiband fixieren. Bei Zimmertemperatur 12 bis 14 Stunden stehen lassen, bis der gewünschte Säuerungsgrad erreicht ist. Gelegentlich probieren. Falls sich die festen Bestandteile absetzen, einfach gründlich umrühren.

Ergibt: 1 Portion (ca. 240 Milliliter)

Himbeer-Rooibos-Kombucha mit Kefir-Eis

Diese Köstlichkeit erinnert mich an meine Kindheit. Wenn meine Eltern mit uns Kindern in ein Café gingen, bestellte ich immer eine dieser verrückten blau schillernden Eislimonaden. Ich habe keine Ahnung, was drin war ... Naja, Zucker und viel blaue Lebensmittelfarbe. Aber wir waren ganz wild darauf. Hier habe ich den Drink aus Kindertagen nachempfunden. Er enthält keine Farbstoffe und nur wenig Zucker, macht aber genauso viel Spaß! Dieses vollwertige und vollfette Eis ist einfach köstlich. Wir sollten es nicht mit fettarmen Zutaten und künstlichen Süßstoffen verwässern. Genießen Sie es in seiner ganzen Pracht – aber in Maßen! Diese Kreation ist einem Rezept von *www.cheeseslave.com* nachempfunden. Für eine Extraportion Probiotika können Sie die Sahne wie Milchkefir fermentieren.

120 ml Schlagsahne
120 ml Milchkefir (Seite 24)
170 g Honig oder naturreiner Ahornsirup, nach Geschmack auch mehr
2 Eigelb
½ TL naturreiner Vanilleextrakt oder Mark von ½ Vanilleschote
1 kleine Prise Meersalz
480 ml Himbeer-Rooibos-Kombucha (Seite 116)

Sahne, Kefir, Ahornsirup, Eigelb, Vanille und Salz in einer Schüssel mit dem Schneebesen verschlagen. Falls nötig kühlen und nach Gebrauchsanweisung in der Eismaschine zubereiten.

240 Milliliter Himbeer-Rooibos Kombucha in ein hohes Glas füllen. Eine Kugel Eiscreme dazugeben und mit Strohhalm und langstieligem Löffel servieren.

Ergibt: 2 Portionen

Cremiger Schoko-Kefir-Shake

Ein leckerer Milchshake für alle, die mit dem Geschmack von Milchkefir weniger anfangen können. Er schmeckt Kindern wie Erwachsenen, enthält viele gute Inhaltsstoffe, aber nur drei Zutaten – und keinen Zucker.

480 ml Milchkefir (Seite 24)
2 kleine tiefgefrorene Bananen
2 EL Kakaopulver in Rohkostqualität

Alle Zutaten im Mixer bei hoher Geschwindigkeit pürieren.

Der Shake kann sofort serviert oder luftdicht verschlossen 2 Tage im Kühlschrank aufbewahrt werden.

Ergibt: 2 Portionen (ca. 560 Milliliter)

Kinder-Kefir-Smoothie

Milchkefir ist den Kleinen oft zu herb. Verkürzen Sie die Gärdauer, um den Säureanteil zu senken, oder mixen Sie Smoothies. Die guten Fette und Proteine unterstützen das kindliche Wachstum. Wenn Sie möchten, können Sie statt Mandeln auch Sonnenblumenkerne verwenden.

480 ml Milchkefir (Seite 24) oder Kokosmilchkefir (Seite 28)
150 g Bio-Beeren nach Wahl
1 Banane
10 g Spinatblätter
30–40 g Mandeln in Rohkostqualität
1 EL naturreiner Ahornsirup (nach Belieben)

Alle Zutaten in einen Mixer geben und gründlich pürieren. Sofort servieren.

Ergibt: 3 Portionen (ca. 690 Milliliter)

Erdbeer-Vanille-Kombucha mit weißem Tee

Dieser frische, fruchtige Drink vereint eine köstliche Erdbeernote mit dem berauschenden Moschusaroma der Vanille. Perfekt für ein Sommerpicknick.

480 ml Kombucha (Seite 32) aus weißem Tee (nicht zu sauer werden lassen)
80 g Bio-Erdbeeren
½ Vanilleschote, aufgeschlitzt
frische Minzblätter zum Garnieren

Zutaten in einem Glasgefäß bei Zimmertemperatur 1 bis 2 Tage stehen lassen.

Kombucha abseihen, servieren oder luftdicht verschließen. Er ist im Kühlschrank 1 Monat haltbar. Mit Eiswürfeln und Minze genießen.

Ergibt: 2 Portionen (ca. 480 Milliliter)

Himbeer-Rooibos-Kombucha

Rooibos ist eine südafrikanische Pflanze mit einer fantastischen antioxidativen Wirkung (mehr zu diesem Thema siehe Seite 156 f.). Sie ist koffeinfrei und verleiht Ihrem Kombucha einen angenehm milden, rauchigen Geschmack.

480 ml Kombucha (Seite 32) aus Rooibos-Tee
40 g frische oder tiefgekühlte Bio-Himbeeren

Den nach Wunsch gesäuerten Rooibos-Kombucha mit den Himbeeren in ein Glasgefäß geben und verschließen.

2 Tage bei Zimmertemperatur stehen lassen.

Abseihen und servieren oder luftdicht verschließen. Er ist im Kühlschrank 1 Monat haltbar.

Ergibt: 2 Portionen (ca. 480 Milliliter)

Lebkuchengewürz-Kefir

Dieses herrlich weihnachtliche Getränk hat wunderbar wärmende, verdauungsfördernde Eigenschaften. Experimentieren Sie mit den Gewürzmengen, bis Sie die für Ihren Geschmack perfekte Mischung gefunden haben.

1 Liter Wasserkefir (Seite 26) oder Kokoswasserkefir (Seite 30)
2 TL Lebkuchengewürz (siehe unten)
¾–1 TL Melasse

Alle Zutaten in ein Glasgefäß geben und bis maximal 2,5 Zentimeter unter dem Rand befüllen. Verschließen und bei Zimmertemperatur 1 Tag stehen lassen.

Abseihen und servieren.

Ergibt: 4 Portionen (ca. 1 Liter)

Lebkuchengewürz

¾ TL gemahlener Zimt
¾ TL gemahlener Ingwer
¾ TL gemahlener Piment
¾ TL gemahlene Muskatnuss
1 Prise gemahlene Nelken

Alle Zutaten in einer kleinen Schale mischen.

Ergibt: 2 Teelöffel

Ingwerbier

Für traditionelles Ingwerbier müssen Sie zunächst einen Ingwerstarter züchten, mit dem Sie das Getränk fermentieren (statt mit Kefirkristallen oder einem Kombuchapilz). Mit dem Ingwerstarter kann man auch andere fermentierte Getränke herstellen (Seite 70 und 147). Umgekehrt lässt sich auch mit anderen Startern wie Wasserkefir oder Molke Ingwerbier „brauen".

1 l Wasser
1 Stück frischer Ingwer, etwa 2,5 cm, ungeschält und in dünne Scheiben geschnitten, auf Wunsch auch mehr
100 g weißer Zucker oder Rapadura
60 ml Ingwerstarter (siehe unten)
1 EL frisch gepresster Zitronensaft

1/2 Liter Wasser mit den Ingwerscheiben in einen Topf geben. Aufkochen und 15 Minuten köcheln lassen. Topf vom Herd nehmen, Zucker zugeben und unter Rühren auflösen. Mit dem restlichen Wasser auffüllen. Abkühlen lassen und zur Fermentation in ein Glasgefäß mit großer Öffnung gießen. Ingwerstarter ohne Bodensatz sowie Zitronensaft zugeben und sorgfältig umrühren.

Mulltuch darüber breiten, mit Gummiband fixieren und Ansatz bei Zimmertemperatur gären lassen, bis sich Bläschen bilden. Dies kann je nach Umgebungstemperatur und Gärkraft des Starters einen oder mehrere Tage dauern. Je länger man wartet, desto höher wird der Alkoholgehalt. Den prickelnden Ansatz in eine luftdichte 1-Liter-Flasche füllen und bei Zimmertemperatur stehen lassen, bis Kohlensäure entsteht. Für gewöhnlich ist das nach ungefähr 14 Tagen der Fall. Flasche regelmäßig kontrollieren, da es mal mehr, mal weniger schnell gehen kann – sonst platzt sie und alles ist voll mit klebrigem Ingwerbier. Hat die Kohlensäurebildung begonnen, kann das Ingwerbier im Kühlschrank gelagert werden. Dies verlangsamt den Prozess, aber der Druck steigt weiter und die Flasche sollte regelmäßig kontrolliert werden.

Ergibt: 4 Portionen (ca. 1 Liter)

Ingwerstarter: So geht's

Ich liebe es, Ingwerstarter herzustellen. Es ist so einfach und es macht Spaß zuzusehen, wenn mein kleiner Freund anfängt, vor sich hin zu blubbern.

175 Milliliter Wasser mit 1 Teelöffel Rapadura (oder anderem Vollrohrzucker) und 1 Teelöffel frisch geriebenem Ingwer in ein kleines Glasgefäß geben. Ingwer nicht schälen, denn in der Schale stecken die für die Fermentation erforderlichen Hefen und Bakterien.

Mischung gut umrühren. Mulltuch über das Glas breiten, mit Gummiband fixieren und 1 Tag bei Zimmertemperatur stehen lassen.

Am nächsten Tag erneut je 1 Teelöffel Zucker und geriebenen Ingwer zugeben und umrühren. Täglich wiederholen, bis sich kräftige Bläschen bilden. Ist dies nach 7 Tagen noch nicht der Fall, den Ansatz wegschütten und neu anfangen. In seinem Buch *The Art of Fermentation* schreibt Sandor Katz, mangelnde Bläschenbildung sei möglicherweise darauf zurückzuführen, dass der Ingwer bestrahlt sei und die Bakterien und Hefen zerstört wurden. Mit Bio-Ingwer lassen sich die besten Ergebnisse erzielen.

Um nach Gebrauch des Ingwerstarters einen neuen Ansatz herzustellen, die Hälfte des Bodensatzes wegwerfen, mit 175 Millilitern Wasser auffüllen und erneut täglich mit je 1 Teelöffel Zucker und Ingwer füttern.

Kurkumasirup: So geht's

Der Ansatz von Kurkumasirup ist praktisch mit dem des Ingwerstarters identisch. Anstelle des Ingwers verwendet man lediglich frische, ungeschälte Kurkumawurzel. Ist das Abfüllstadium erreicht, muss nicht abgewartet werden, bis Kohlensäure entsteht. Der fermentierte Sirup ist bereits gebrauchsfertig. Er kann mit spritzigem oder stillem Mineralwasser gemischt oder in Cocktails verwendet werden.

Fährt man wie beim Rezept für Ingwerbier fort, lässt sich daraus natürlich auch prickelndes Kurkumabier brauen. Köstlich!

Limonade mit weißem Pfirsich und Lavendel

Dies ist eine herrlich sommerliche Limonade. Sie ist wirklich außergewöhnlich. Verführerische Pfirsiche mit der entspannenden Blütenpower des Lavendels - eine sensationelle Zusammenstellung. Verwenden Sie ausschließlich ungespritzten Lavendel.

120 ml Wasser plus Wasser zum Auffüllen

50–150 g weißer Zucker, nach Geschmack

450 g frische oder tiefgefrorene Pfirsiche, grob zerkleinert

60 ml Ingwerstarter oder Kurkumasirup (Seite 119)

3 EL frisch gepresster Zitronensaft

1 TL frische ungespritzte Lavendelblüten

Wasser (120 Milliliter) in einem großen Topf zum Kochen bringen, Zucker darin auflösen, Pfirsiche unterrühren und ein paar Minuten mitkochen. Topf vom Herd nehmen und abkühlen lassen.

Mischung durch ein engmaschiges Sieb oder einen Nussmilchbeutel gießen und vorsichtig ausdrücken, um so viel wie möglich von dem Fruchtsirup in einer Schüssel aufzufangen.

In eine 1-Liter-Flasche gießen. Mit Wasser bis etwa 7 Zentimeter unter dem Rand auffüllen. Ingwerstarter, Zitronensaft und Lavendelblüten zugeben (bis maximal 2,5 Zentimeter unter dem Rand). Verschließen und vorsichtig schütteln.

Die offene Flasche mit einem Mulltuch abgedeckt bei Zimmertemperatur stehen lassen. Wenn sich lebhafte Blasen bilden (das kann je nach Umgebungstemperatur einen oder mehrere Tage dauern), die Flasche verschließen. Mindestens 2 Tage dunkel stellen, damit sich Kohlensäure bildet. Flasche regelmäßig kontrollieren und häufig „lüften": Deckel aufschrauben, Luft entweichen lassen, wieder verschließen. Wartet man zu lange, kann sie explodieren.

Ist der gewünschte Kohlensäuregehalt erreicht, kann man die Limonade trinken oder in den Kühlschrank stellen, um den Gärprozess zu verlangsamen.

Ergibt: 4 Portionen (ca. 1 Liter)

Süßkartoffel-Limo

Von einer Süßkartoffel-Limo, die ursprünglich aus dem südamerikanischen Guyana kommt, las ich zuerst in Sally Fallons Buch *Nourishing Traditions*. Ihr Rezept diente mir als Grundlage. Es eignet sich wunderbar für Partys oder ein Treffen mit Freunden. Es enthält eine ausgekochte Eierschale, die den Starter mit Mineralien versorgt und die Säure ausgleicht.

½ große Süßkartoffel
1 Liter Wasser
100 g Rapadura oder anderer Vollrohrzucker
2 EL Wasserkefir (Seite 26), Ingwerstarter (Seite 119) oder Molke (Seite 173)
Schale und Saft von ½ Bio-Zitrone
1 TL gemahlene Muskatnuss
1 ganze Nelke
1 Prise Zimt
½ Eierschale (am besten vom Bio-Ei aus artgerechter Tierhaltung), ausgekocht und zerstoßen (siehe Seite 27)

Süßkartoffel schälen und raspeln. In einem Sieb unter fließendem Wasser so lange abspülen, bis die Stärke ausgewaschen ist und die Flüssigkeit klar bleibt. Gut ausdrücken.

Alle Zutaten in eine große Schüssel geben. Schüssel mit einem Mulltuch abdecken und Ansatz bei Zimmertemperatur 2 bis 3 Tage stehen lassen, bis sich Bläschen bilden.

Durch ein engmaschiges Sieb gießen, in eine luftdicht verschließbare Flasche füllen und im Kühlschrank aufbewahren.

Ergibt: 4 Portionen (ca. 1 Liter)

KAPITEL 5

Fermentierte Getränke für strahlend schöne Haut und einen gesunden Geist

In der naturheilkundlichen Philosophie ist der Darm das Zentrum der Gesundheit. Er entsteht als eines der ersten Organe im Mutterleib und ist nicht nur für unsere Verdauung, sondern auch für unser Immunsystem, unsere Haut und unser Gehirn von wesentlicher Bedeutung. Mit Verdauung und Immunsystem haben wir uns bereits beschäftigt. Der Darm und seine Bakterien stehen aber auch in enger Beziehung zu Haut (Darm-Haut-Achse) und Gehirn. Die sogenannte Hirn-Darm-Achse ist schon seit Längerem bekannt. Neue Forschungen ergaben jedoch, dass auch Signale in die andere Richtung fließen: Vom Darm zum Gehirn. Dies ist ein sehr spannendes Forschungsgebiet und macht die Bedeutung eines gesunden Darms und einer ausgewogenen Darmflora deutlicher als alles andere. Betrachten wir zunächst den Zusammenhang zwischen Darm und Haut.

Strahlende Haut und glänzendes Haar

Es besteht kein Zweifel: Strahlende Haut und glänzendes Haar wirken anziehend. Sie gelten allgemein als Zeichen guter Gesundheit. Damit verdienen die Hersteller von Haut- und Haarpflegemitteln ihr Geld. Strahlende Haut und glänzendes Haar sind für uns aber nicht nur deshalb attraktiv, weil die Fernsehwerbung es uns einredet. Aus evolutionärer Sicht werden sie mit dem optimalen Fortpflanzungsalter von etwa fünfundzwanzig Jahren in Verbindung gebracht und gelten deshalb als Versprechen, dass der Betreffende als Sexualpartner eine gute Wahl ist. Leider funktioniert das heute nicht mehr. Da für gesunde Haut und gesundes Haar viele Nährstoffe und gute Fette gebraucht werden, sind sie dennoch ein verlässlicher Gradmesser für den allgemeinen Gesundheitszustand. Wenn wir gestresst und müde sind oder es mit Koffein und Süßigkeiten übertrieben haben, kann unsere Haut stumpf, trocken, gereizt oder unrein wirken. Obwohl man meinen könnte, sie sei nur eine kunstvolle Hülle, übernimmt die Haut als lebendiges Organ wichtige Aufgaben.

Wir können also ein Vermögen für Haut- und Haarpflege ausgeben oder auf Probiotika und fermentierte Getränke setzen. Gut, ganz so einfach ist es vielleicht nicht. Dennoch verweisen derzeit faszinierende Forschungen auf den kosmetischen Nutzen eines gesunden Darms.

Probiotika: Neue Hilfe bei stumpfer Haut und Haarausfall?

Eine 2013 in der *Public Library of Science* veröffentlichte Studie berichtet von Forschungen zum Thema Probiotika und Haut- und Haargesundheit. Die Gabe von *Lactobacillus reuteri* pur oder im Joghurt verstärkte Wachstum und Glanz der Haare, machte die Haut dicker und verlieh ihr ein „gesundes Strahlen". Das Probiotikum erhöhte offenbar die Anzahl der Sebozyten. Diese Zellen produzieren den Talg, der ein Austrocknen von Haut und Haaren verhindert. Je mehr Talg, desto glänzender das Haar und desto strahlender die Haut. Nach der Probiotikagabe war auch das Gewebe etwas saurer. Ein niedriger pH-Wert glättet die Schuppenschicht des Haares und verleiht ihm Glanz. Durch die Verbesserung der Darmflora mit fermentierten Getränken fördern wir ein saures Milieu, glänzendes Haar und strahlende Haut.

Weitere im Jahr 2011 in der Zeitschrift *Proceedings of the National Academy of Sciences* erschienene Untersuchungen ergaben einen Zusammenhang zwischen einem sauren Scheidenmilieu, einer Fülle von Laktobazillen und höchster Fruchtbarkeit. Aus beiden Studien können wir schließen, dass probiotische Bakterien körperliche Veränderungen (wie eine Senkung des pH-Wertes) unterstützen, die unser Haar zum Glänzen und unsere Haut zum Strahlen bringen. Dies geschieht am ehesten im Alter von etwa fünfundzwanzig Jahren, wenn wir am fruchtbarsten sind. Eine Bestätigung dafür, dass Mutter Natur alles wunderbar eingerichtet hat.

DARMBAKTERIEN MACHEN SEXY!

Ein weiterer erstaunlicher Befund dieser Studie war, dass die Einnahme von Probiotika unseren Oxytocinspiegel erhöht. Oxytocin wird beim Küssen und beim Sex ausgeschüttet und oft als „Wohlfühlhormon" bezeichnet, da es Stress abbaut und die Bindung fördert. Diese Forschungen stehen zwar noch am Anfang. Trotzdem ist es wunderbar zu sehen, wie weit die Wirkung von Probiotika, fermentierten Getränken und einem gesunden Darm reicht! Dies spricht genau wie das glänzende Haar und die strahlende Haut eindeutig dafür, dass Darmbakterien dafür sorgen, dass wir uns wohlfühlen.

Schöne Haut durch fermentierte Getränke

Mehrere wissenschaftliche Studien verzeichneten eine günstige Wirkung fermentierter Getränke auf die Haut. Schädliche Darmbakterien erzeugen Abbauprodukte, sogenannte Phenole. Sie stören den Teilungsprozess der Hautzellen und machen die Haut trocken. Laut einer im Jahr 2013 in der Zeitschrift *Beneficial Microbes* erschienenen Studie senkten fermentierte Milchgetränke bei Frauen den Gesamtphenolspiegel und beugten Hauttrockenheit sowie Störungen bei der Teilung der Hautzellen vor.

Noch spannender ist das Ergebnis einer 2012 in der Zeitschrift *Annals of Microbiology* veröffentlichten Studie, dass zwei Bakterienstämme (*Lactobacillus rhamnosus* FTDC 8313 und *Lactobacillus gasseri* FTDC 8131) Hyaluronsäure produzieren. Diese Substanz dürfte Ihnen aus der Werbung für Hautcremes bekannt sein. Sie verbessert die Wundheilung der Haut, hält sie elastisch und unterstützt die korrekte Zellteilung.

Doch damit ist der Kosmetikkurs noch lange nicht zu Ende. Fermentierte Getränke enthalten Milchsäure, eine natürliche Alpha-Hydroxycarbonsäure (AHA), die vielfach für Anti-Falten-Behandlungen genutzt wird. AHAs fördern die Bildung von Kollagen und neuen Hautzellen und verzögern die Hautalterung. Wie wundervoll, dass wir sie über fermentierte Getränke zu uns nehmen können.

Die positive Wirkung der Milchsäure auf bestimmte Hautirritationen ist ein weiterer wunderbarer Nebeneffekt des Verzehrs fermentierter Getränke. Ein 2006 in der Zeitschrift *Journal of Dairy Science* erschienener Artikel beschreibt den Nutzen fermentierter Milchprodukte für Feuchtigkeit und Elastizität der Haut, indem sie die Menge feuchtigkeitsspendender Faktoren in der Haut erhöhen.

Wie wir bereits wissen, können fermentierte Getränke und Probiotika die Allergieanfälligkeit von Kindern verringern. Neu ist jedoch, dass sie auch bei Menschen jeden Alters die Symptome des atopischen Ekzems lindern können. Die Zeitschrift *Gastroenterology in North America* veröffentlichte 2012 eine Studie, wonach nützliche Darmbakterien und Probiotika lokale und systemische Entzündungen eindämmen können. Eine gesunde Darmflora lehrt das Immunsystem, Krankheitserreger von harmlosen Antigenen zu unterscheiden und angemessen darauf zu reagieren.

Fermentierte Getränke können hierbei das Wachstum nützlicher Bakterien fördern und die Heilung der Darmschleimhaut nährend unterstützen. Wir können zwar nicht behaupten, ihr Verzehr würde Allergien, Ekzeme und Dermatitis *heilen*. Aber sie enthalten nützliche Bakterien, deren wohltuende Wirkung darin besteht, den Heilungsprozess des Verdauungssystems zu unterstützen. Insofern bremsen sie nicht nur die allergische Reaktion, sondern helfen auch bei der Darmheilung. Und das ist auf lange Sicht die beste Strategie zur Linderung der Symptome und der Verringerung von allergischen Reaktionen.

Ein gesunder Darm für einen gesunden Geist

Offenbar zeichnet sich im psychischen Bereich eine weltweite Depressionsepidemie ab. Im Jahr 2003 veröffentlichte die Zeitschrift *Health Affairs* Forschungen mit Daten aus den Vereinigten Staaten, Kanada, den Niederlanden, Chile und Deutschland. Sie hatten ergeben, dass bei bis zu einem Drittel aller Hausarztbesuche emotionale Störungen wie Depressionen und Angst eine Rolle spielen. Können wir den Stress des modernen Lebens dafür verantwortlich machen? Die Ursache liegt viel tiefer und ist deutlich vielschichtiger. Natürlich ist die zunehmende Verstädterung ein wichtiger Aspekt. Sozioökonomische Faktoren, eine sitzende Lebensweise, ein Mangel an Sonnenlicht, fehlende persönliche Kontakte und Unterstützung, industriell verarbeitete Nahrungsmittel sowie eine geringere Verbundenheit mit der Natur, all dies spielt zusammen.

Ein rasch wachsendes Forschungsgebiet beschäftigt sich mit der Verbindung zwischen Darmflora und Geist. Grundlage ist die Vorstellung, dass der Körper keine Ansammlung einzelner Organe ist, sondern ein Ganzes, dessen Teile unaufhörlich miteinander kommunizieren. Angenommen, wir sind nervös, weil wir eine Verabredung haben. Der Herzschlag erhöht sich. Wir haben Schmetterlinge im Bauch und müssen vielleicht dringend zur Toilette. Zur Bewältigung dieses vermeintlichen Notfalls werden Hormone wie Adrenalin und Cortisol ausgeschüttet. Unsere Pupillen weiten sich, wir atmen schneller und flippen aus, weil wir nicht wissen, welche Schuhe wir anziehen sollen. Der ganze Körper reagiert auf den Reiz. Da dürfte nicht überraschen, dass Darm und Geist eng miteinander verbunden sind.

Die Verbindung zwischen Gehirn und Darm

Diese Vorstellung ist nicht neu. Ein 2013 in der Zeitschrift *Gut Pathogens* erschienener Artikel zeigt, dass schon zu Beginn des 20. Jahrhunderts viele prominente Ärzte mit dem Begriff der „Autointoxikation" arbeiteten. Demzufolge galt der Darm, wenn er durch schlechte Bakterien geschädigt war, als Ursache vieler Erkrankungen, vor allem psychischer Natur. Eine gestörte Darmflora begünstige Erschöpfung, Schwermut und Neurosen. Die einen bevorzugten drastische Methoden und rieten, einen Teil des Dickdarms zu entfernen. Andere empfahlen eine Verbesserung der Darmflora mit Tabletten und Getränken auf Milchbasis.

Eine der ersten Forschungsarbeiten zu diesem Thema wurde 1898 im *Journal of the American Medical Association* veröffentlicht. Darin wurde unter anderem vermutet, dass ein Mangel an Magensäure unerwünschte Mikroorganismen im Darm begünstige und die Veränderung der Essgewohnheiten sowie die Toxine im Darm erheblichen Anteil an Depressionen hätten. Auch die aktuelle Forschung sieht das ähnlich. Weitere Studien erschienen und das Konzept der Autointoxikation genoss bei Psychiatern, Ärzten und Wissenschaftlern breite Akzeptanz.

Dann entstand die Idee, Milchsäurebakterien könnten die Selbstvergiftung bekämpfen. Im Jahr 1912 schrieb der Mikrobiologe Ilja Metschnikow: „Wir bekämpfen also Mikrobe mit Mikrobe ... wie es scheint, gibt es Hoffnung, dass es uns im Laufe der Zeit gelingen wird, eine schädliche in eine harmlose Darmflora zu verwandeln ... eine solche Veränderung muss von enormem Nutzen sein." Die damaligen Forschungen zeigten, dass *Lactobacillus bulgaricus* nicht nur psychische Symptome linderte, sondern auch die Entstehung von Arteriosklerose sowie andere Anzeichen altersbedingten Verfalls verlangsamte. Man stellte Tabletten mit Milchsäurebakterien her und 1917 war in der Zeitschrift *The Druggists Circular* zu lesen, dass über dreißig verschiedene Produkte im Handel erhältlich seien. In den 1920er Jahren wurde *Lactobacillus bulgaricus* von einem anderen Bakterium an Popularität überflügelt, dem *Lactobacillus acidophilus*. In Nordamerika wurde Acidophilusmilch produziert, verkauft und beinahe als Allheilmittel gepriesen. Zu dieser Zeit begann man auch, die Wirkung der Ernährung auf die Darmflora zu erforschen.

Da man nicht in Versuchen zeigen konnte, wie der Prozess der Autointoxikation beim Menschen abläuft, ging dieser These Mitte der 1930er Jahre aus Mangel an Beweisen die Puste aus. Sie galt als wissenschaftlich vage. Man vermutete lediglich einen Zusammenhang zwischen Autointoxikation und Verstopfung und dachte, dass Verdauungsbeschwerden und eine geschädigte Darmflora die Folge der Depressionen seien, nicht umgekehrt. Das Konzept der Autointoxikation ist tatsächlich vage. Dass es nicht weiter erforscht wurde, ist dennoch schade. Vermutlich ist weder die eine noch die andere These hundertprozentig richtig und die Antwort liegt irgendwo dazwischen.

Die Idee von einem Zusammenhang zwischen nützlichen Mikroorganismen und psychischer Gesundheit tauchte erst 2003 wieder auf. Frühere Berichte, ein Mangel an Magensäure könne Depressionen fördern, wurden endlich von neueren Studien bestätigt. Weitere Untersuchungen über den Einsatz von Probiotika bei affektiven Störungen zeigen positive Ergebnisse. In zwei 2011 im *British Journal of Nutrition* erschienenen Beiträgen hieß es, die Einnahme von *Lactobacillus helveticus* und *Bifidobacterium longum* habe Depressionen, Wut und Angst gelindert und den Spiegel des Stresshormons Cortisol gesenkt.

Eine erstmals am Menschen durchgeführte Untersuchung, die im Juni 2013 in der Zeitschrift *Gastroenterology* veröffentlicht wurde, erkannte eine Verbindung zwischen Darm und Gehirn, die sich über den Verzehr fermentierter Milchprodukte beeinflussen ließ. Die Frauen, die fermentierte Milch zu sich genommen hatten, zeigten Aktivität und Kommunikation in verschiedenen Gehirnarealen. Die Kontrollgruppe nicht.

Ich hoffe, dank dieses blühenden Forschungszweiges werden wir schon bald ein tieferes Verständnis für diese Verbindung gewinnen. Aber natürlich sind auch andere Faktoren beteiligt. Menschen mit psychischen Erkrankungen haben mehr Entzündungsmarker. Sie leiden auch eher unter Problemen wie Reizdarmsyndrom, chronischer Erschöpfung, Fibromyalgie, Insulinresistenz und Übergewicht. Viele Forschungen deuten darauf hin, dass Stress und ein hoher Anteil ungesunder Fette in der Nahrung die Durchlässigkeit der Darmschleimhaut erhöhen und ein bakterielles Ungleichgewicht fördern.

Ich bin gespannt, was diese Forschungen weiter zeigen werden. Es ist hilfreich, mehr über die Wirkung der Darmbakterien auf den Menschen und die Bedeutung einzelner Stämme zu erfahren, aber es handelt sich natürlich um ein komplexes Zusammenspiel verschiedener Faktoren. Dass eine gesunde Darmflora und eine intakte Darmschleimhaut Depressionen lindern können, zeigt aber den Erfolg der nützliche Bakterien und der Fermentation.

Esssüchtig?

Die Unfähigkeit, große Weizen- und Milchpeptide zu spalten, zeigt eindrücklich, wie unsere Kost Darmflora und Psyche beeinflusst. Unter normalen Umständen durchläuft das kostliche Stück Brie auf Gourmetweizencracker zwei Verdauungsschritte. Zuerst sondert die Magenschleimhaut ein Sekret ab, das die Milch- und Weizenproteine in Peptide zerlegt. (Menschen mit ungünstiger Darmflora haben oft auch zu wenig Magensäure, sodass die Probleme bereits hier beginnen können.)

Einige dieser Weizen- und Milchpeptide zeigen eine ähnliche chemische Struktur wie das Opiat Morphin und wirken auch ähnlich. Sie werden als Gliadorphine und Casomorphine bezeichnet. Gliadorphine entstehen bei der Verdauung von Gliadin, einem in glutenhaltigen Getreiden wie Weizen, Roggen und Gerste enthaltenen Protein. Casomorphine entstehen bei der Verdauung von Casein, dem Eiweißbestandteil der Kuhmilch. Dieser Vorgang ist völlig normal und findet im Darm jedes Menschen statt.

Der nächste Verdauungsschritt erfolgt im Dünndarm. Auf ihrem Weg zur Darmschleimhaut kommen die Peptide mit dem Sekret der Bauchspeicheldrüse in Berührung und werden dann von den Enzymen der Mikrovilli der Darmzellen gespalten. Jede gesunde Darmzelle (Enterocyt) nutzt eine bunte Mischung von Enzymen, um die Verdauung dieser Peptide abzuschließen. Bei Menschen mit Darmproblemen läuft hier etwas schief.

Angeschlagene Darmzellen sind für die Aufgabe schlecht mit Enzymen gerüstet. Die Gliadorphine und Casomorphine gelangen unverändert oder nur teilweise aufgespalten ins Blut. So verursachen sie nicht nur Probleme mit dem Immunsystem, sondern stören auch die Hirnfunktion. Da sie sich wie Opiate verhalten, wirken sie beruhigend und machen süchtig. Vielleicht beantwortet dies die Frage, warum Ihr Vater nach gemeinsamen Mahlzeiten im Familienkreis auf dem Sofa einschläft. Die beiden Peptide können auch Reizungen und Entzündungen im Gehirn, Benommenheit, Angst, Depressionen und vielleicht sogar Demenz auslösen. Dies erklärt, warum so mancher bei Brot, Pasta, Milchprodukten und Fertigprodukten nur schwer aufhören kann. Es handelt sich um ein echtes physiologisches Verlangen. Leider waren die Darmbakterien nicht da, um ihre Arbeit zu tun und Proteine zu verdauen, Kohlehydrate zu fermentieren, Fette und Ballaststoffe zu spalten. Auch am Transport von Vitaminen und Mineralstoffen, Wasser und anderen Nährstoffen ins Blut sind sie beteiligt. Ohne eine gesunde Darmflora kann der Körper eben nicht den vollen Nutzen aus dem Bio-Brokkoli ziehen. Eine Investition in die Gesundheit Ihres Darms und Ihrer Darmflora lohnt sich also auf jeden Fall!

Darmbakterien und neurologische Störungen

Laut einer 2009 in der Zeitschrift *Peptides* erschienenen Untersuchung besteht ein Zusammenhang zwischen einem hohen Casomorphinspiegel, einer schlechten psychomotorischen Entwicklung und einem erhöhten Autismusrisiko bei Säuglingen, die Kuhmilch zu trinken bekamen.

Eine 2002 in der Zeitschrift *Expert Opinion Therapeutic Targets* veröffentlichte Studie untersuchte, ob Gliadorphine und Casomorphine die synaptische Übertragung von Nervenimpulsen beeinflussen und physiologische Symptome auslösen könnten. Diese sowie weitere im Jahr 2012 in *Complementary Therapies in Medicine* erschienene Forschungen zeigten, dass der Verzicht auf Gluten und Milchprodukte das Verhalten und die Magen-Darm-Beschwerden autistischer Kinder besserte. 2007 erkannte eine in der Zeitschrift *Peptides* veröffentlichte Untersuchung einen Zusammenhang zwischen einem hohen Casomorphinspiegel und atopischem Ekzem bei Säuglingen, die nicht gestillt wurden.

Eine 2006 in der Zeitschrift *Acta Psychiatrica Scandinavica* veröffentlichte Arbeit verzeichnete einen drastischen Rückgang der Symptome bei Schizophreniepatienten mit glutenfreier Diät. 2013 hieß es im *Journal of Psychometric Research*, ein Drittel der Zöliakiepatienten zeige depressive Verstimmungen und eine konsequent glutenfreie Ernährung könne das Risiko hierfür verringern. Laut einer 2012 im *New Zealand Medical Journal* erschienenen Studie besteht ein Zusammenhang zwischen Glutenunverträglichkeit und depressiven Verstimmungen, deren Symptome bei glutenfreier Ernährung verschwanden. Im Jahr 2010 stellte eine Studie in der Zeitschrift *Bipolar Disorders* einen Zusammenhang zwischen Casein und bipolarer Störung her, da die betroffenen Patienten große Mengen dieses Antigens im Blut hatten.

Was hat das alles zu bedeuten?

Nun habe ich Sie mit Studien überhäuft, die nahelegen, dass eine Verbindung zwischen Gehirn und Darm besteht. Außerdem scheint die Gesundheit unseres Darms samt Darmflora zu entscheiden, wie wir unsere Nahrung aufnehmen und wie sie uns körperlich und emotional beeinflusst.

Es geht allerdings nicht nur darum, Gluten zu meiden. Der Darm muss auch geheilt und die Flora wiederhergestellt werden. Eine 2012 in der Zeitschrift *Chronic Illness* erschienene Studie betont, dass ein erheblicher Teil der Probanden trotz glutenfreier Ernährung psychische Symptome meldete. Um den Darm zu heilen, genügt es also nicht, den Auslöser zu beseitigen. Da wir nicht genau wissen, wie die einzelnen Bakterienstämme unter verschiedenen Bedingungen reagieren, dürfte es nicht damit getan sein, nur bestimmte Stämme einzunehmen. Forschungen belegen, dass einzelne Stämme bestimmte Krankheiten lindern, und es gibt Bestrebungen hin zu einer „probiotischen Materia Medica“. Sicher ist es wichtig, dass Untersuchungen zu einzelnen Stämmen vorliegen, aber für die breite Bevölkerung ist ein ganzheitlicher Ansatz meiner Ansicht nach der richtige Weg. Fermentierte Getränke und Nahrungsmittel haben den Vorteil der Ganzheitlichkeit. Sie enthalten ein breites Spektrum an Mikroorganismen, weisen aber auch andere wohltuende Substanzen auf, deren Wechselwirkungen zum Teil noch unbekannt sind. Fermentierte Getränke können dem Verdauungssystem beistehen – und sind erheblich kostengünstiger als probiotische Nahrungsergänzungsmittel!

Nützliche Infos

- Die Einnahme nützlicher Bakterien unterstützt Wachstum und Glanz der Haare, macht die Haut dicker und verleiht ihr ein „gesundes Strahlen“. Wenn wir die Darmflora mit fermentierten Getränken stärken, fördern wir ein saures Milieu für glänzendes Haar und strahlende Haut.
- Fermentierte Milchgetränke erhöhen den Feuchtigkeitsgehalt der Haut. Einige Bakterien produzieren sogar Hyaluronsäure. Sie verbessert die Wundheilung, hält die Haut elastisch und unterstützt die Zellteilung. Die Milchsäure in fermentierten Getränken ist eine natürliche Alpha-Hydroxycarbonsäure. Sie fördert die Bildung von Kollagen und neuen Hautzellen und reduziert die Zeichen der Hautalterung.
- Die Verbindung zwischen Darm und Gehirn ist schon lange bekannt. Neuere Studien offenbaren einen Zusammenhang zwischen schlechter Verdauung, schädlichen Darmbakterien und Depressionen. Forschungen zufolge lindert die Einnahme nützlicher Bakterien Depressionen, Wut und Angst und senkt den Spiegel des Stresshormons Cortisol.

Fermentierte Getränke für Ihre Schönheit und geistige Fitness

Blutreinigender Kombucha für die Schönheit

Für diesen Cocktail brauchen wir frisch gepressten Rote-Bete-Saft. Er schmeckt köstlich, reinigt das Blut und hilft der Leber. Er enthält sekundäre Pflanzenstoffe, ist ein guter Eisenlieferant und unterstützt so die Produktion und den Erhalt der roten Blutkörperchen. Und die Haut strahlt vor Gesundheit!

240 ml Kombucha (Seite 32)
240 ml Rote-Bete-Saft

Zutaten mischen und servieren. Frisch gepresster Rote-Bete-Saft kann ausflocken, wenn man den Drink stehen lässt. Man sollte ihn deshalb sofort servieren oder vor dem Verzehr kräftig umrühren.

Ergibt: 2 Portionen (ca. 480 Milliliter)

Beeren-Antioxidantien-Kombucha

Diese herrliche Mischung enthält die Antioxidantien aus grünem Tee und aus Açaibeeren-Pulver, das außerdem wohltuende Anthocyane und Flavonoide enthält. Blaubeeren geben noch zusätzlich einen guten Oxidationsschutz.

180 ml Kombucha (Seite 32) aus grünem Tee

40 g Bio-Blaubeeren oder Bio-Brombeeren

½ TL Açaibeeren-Pulver in Bio-Qualität

Zutaten in ein Glasgefäß geben und 2 Tage stehen lassen. Abseihen. Kann sofort serviert oder luftdicht verschlossen 1 Monat im Kühlschrank aufbewahrt werden.

Ergibt: 2 Portionen (ca. 480 Milliliter)

Exotischer Orangen-Safran-Kombucha

Safranfäden sind die getrockneten Blütennarben des Safrankrokus. Jede Blüte hat drei Narben, und für 1 Unze (28 Gramm) werden 14 000 Stück benötigt. Safran ist teuer in der Anschaffung, aber da schon wenige Fäden für ein Gericht genügen, bekommt man doch einiges für sein Geld. Safran ist etwas ganz Besonderes. Einfach erstaunlich, wie viel Farbe und Geschmack in diesen dünnen Fädchen steckt!

480 ml Kombucha (Seite 32) aus Rooibos-Tee

3 Streifen Orangenschale (von einer Bio-Orange), je 10 x 2,5 cm und so dünn wie möglich

6 Safranfäden

Alle Zutaten in ein Glasgefäß geben und bei Zimmertemperatur 2 Tage stehen lassen.

Kombucha abseihen, sofort servieren oder in eine luftdicht verschließbare Flasche füllen. So ist er im Kühlschrank 1 Monat haltbar.

Ergibt: 2 Portionen (ca. 480 Milliliter)

Hautreinigungs-Smoothie

Basenbildende Nahrungsmittel wirken Wunder für die Haut. Dieses reinigende Getränk ist zum Bersten voll davon und enthält außerdem eine Ladung entzündungshemmender Nährstoffe, die Rötungen und Reizungen der Haut lindern.

1 grüner Bio-Apfel, entkernt
240 ml Kokoswasserkefir (Seite 30)
150 g Ananas in Stücken
130 g Gurke in Stücken
30 g Spinatblätter
½ Avocado, entkernt und geschält
1 EL frisch gepresster Zitronensaft
1 Stück geschälter Ingwer, etwa 2,5 cm
2–3 Eiswürfel

Alle Zutaten in den Mixer geben und bei hoher Geschwindigkeit gründlich pürieren. Sofort servieren.

Ergibt: 2 Portionen (ca. 480 Milliliter)

Ananas-Minz-Kombucha

Diese sommerlich-fruchtige Kreation verdient ein besonderes Glas und ein Cocktailschirmchen!

480 ml Kombucha (Seite 32)
80–150 g Ananas in Stücken
1–2 EL frische Minzblätter

Alle Zutaten in einen Mixer geben und gründlich pürieren. Sofort servieren oder luftdicht verschließen, dann ist der Kombucha im Kühlschrank 1 bis 2 Tage haltbar.

Ergibt: 2 Portionen (ca. 550 Milliliter)

Brombeer-Lavendel-Kombucha aus weißem Tee

Eine elegante, blumige Mischung: Atmen Sie tief ein, genießen Sie die entspannende Wirkung des Lavendels und gönnen Sie Ihrem Körper die Wohltaten von Kombucha und weißem Tee. Nur frischen, ungespritzten Lavendel verwenden.

480 ml Kombucha (Seite 32) aus weißem Tee
40 g Bio-Brombeeren oder Bio-Blaubeeren
½ TL frische ungespritzte Lavendelblüten
¼ TL naturreiner Vanilleextrakt (nach Belieben)

Zutaten in einem Glasgefäß bei Zimmertemperatur 2 Tage stehen lassen. Abseihen. Kann sofort serviert oder luftdicht verschlossen 1 Monat im Kühlschrank aufbewahrt werden.

Ergibt: 2 Portionen (ca. 480 Milliliter)

Melonen-Limetten-Minz-Kefir

Kefir macht diese beliebte Kombination nicht nur geschmacklich, sondern auch für den Darm zur Sensation!

300 g Wassermelone, in Stücke geschnitten
240 ml Wasserkefir (Seite 26)
1–2 EL frisch gepresster Limettensaft
2 EL frische Minzblätter

Wassermelone, Kefir, Limettensaft und die Hälfte der Minze im Mixer gut pürieren. Da Melonen sehr schnell fermentieren, sollte man den Drink sofort servieren. Gläser mit der restlichen Minze garnieren.

Ergibt: 2 Portionen (ca. 480 Milliliter)

Kefir-Kick für die grauen Zellen

Einige Kräuter enthalten die Verbindung Cineol. Sie hat eine sanft anregende Wirkung und schenkt Energie ohne das von Energy-Drinks bekannte Flattern. Auf Wunsch vor dem Servieren mit Zitronensaft verfeinern.

480 ml Wasserkefir (Seite 26)
6–8 frische Minzblätter
4 frische Salbeiblätter
2 Lorbeerblätter
1 Zweig frischer Rosmarin
½ TL gemahlene oder 1 TL frisch geriebene Kurkuma

Alle Zutaten in ein Glasgefäß geben und bei Zimmertemperatur 2 Tage stehen lassen.

Abseihen, sofort servieren oder in eine luftdichte Flasche füllen. So ist die Mischung im Kühlschrank 1 Monat haltbar.

Ergibt: 2 Portionen (ca. 480 Milliliter)

Granatapfel-Cocktail

Pur schmeckt dieser pikante Drink köstlich. Er eignet sich aber auch ausgezeichnet als Grundlage für Wodka-Cocktails. Ich meine ja nur ...

240 ml Wasserkefir (Seite 26) oder Kokoswasserkefir (Seite 30)

120 ml Granatapfelsaft in Bio-Qualität

60 ml frisch gepresster Orangensaft

1–2 TL frisch gepresster Zitronen- oder Limettensaft

Eiswürfel (nach Belieben)

Alle Zutaten in einem großen Glas mischen und sofort servieren.

Ergibt: 2 Portionen (ca. 420 Milliliter)

Grüner Kefir mit Basilikum, Mango und Passionsfrucht

Der Kefir und das viele wunderbare Obst und Gemüse machen diesen Smoothie zu einer richtig gesunden Angelegenheit. Die Passionsfrucht kann mit den anderen Zutaten in den Mixer gegeben oder wie beschrieben auf den Drink gestreut werden.

1 reife Mango, entkernt, geschält und in Stücke geschnitten

70 g gehackter Grünkohl

8–10 frische Basilikumblätter

360 ml Wasserkefir (Seite 26) oder Kokoswasserkefir (Seite 30)

1½ TL frisch gepresster Zitronensaft

1 Passionsfrucht, Fruchtfleisch und Kerne grob zerkleinert

Mango, Grünkohl, Basilikum, Kefir und Zitronensaft in einen Mixer geben und bei hoher Geschwindigkeit gründlich pürieren. In Gläser füllen, mit Kernen und Fruchtfleisch der Passionsfrucht bestreuen und servieren.

Ergibt: 2 Portionen (ca. 480 Milliliter)

Granat-Apfel-Soda

Sie können wirklich alles verwenden, um fermentierte Limonaden zu aromatisieren. Diese Mischung aus Apfel und Granatapfel ist erfrischend und köstlich.

120 ml Wasser plus Wasser zum Auffüllen

50–150 g weißer Zucker, nach Geschmack

450 g Äpfel, entkernt und in grobe Stücke geschnitten

50 g Granatapfelkerne oder Granatapfelsaft in Bio-Qualität

60 ml Ingwerstarter oder Kurkumasirup (Seite 119)

3 EL frisch gepresster Zitronensaft

Wasser (120 Milliliter) in einem großen Topf zum Kochen bringen, Zucker darin auflösen und Äpfel unterrühren. Topf vom Herd nehmen und vollständig abkühlen lassen.

Apfelstücke und Granatapfelkerne oder -saft in einen Mixer geben und bei hoher Geschwindigkeit pürieren.

Mischung durch ein engmaschiges Sieb oder einen Nussmilchbeutel gießen und so viel wie möglich von dem Fruchtsirup in einer kleinen Schüssel auffangen.

In eine 1-Liter-Flasche füllen. Mit Wasser auffüllen, bis sie zu etwa zwei Dritteln gefüllt ist. Ingwerstarter und Zitronensaft zugeben (bis maximal 2,5 Zentimeter unter den Rand).

Mit einem Mulltuch abdecken und bei Zimmertemperatur stehen lassen, bis sich lebhafte Bläschen bilden. Das kann je nach Umgebungstemperatur einen oder mehrere Tage dauern. Flasche verschließen und mindestens 2 Tage dunkel stellen, damit sich Kohlensäure bilden kann. Regelmäßig kontrollieren und häufig „lüften“: Deckel aufschrauben, Luft entweichen lassen, wieder verschließen. Wartet man zu lange, kann die Flasche explodieren.

Ist der gewünschte Kohlensäuregehalt erreicht, kann man die Limonade trinken oder in den Kühlschrank stellen, um den Gärprozess zu verlangsamen.

Ergibt: 4 Portionen (ca. 1 Liter)

KAPITEL 6

Fermentierte Getränke mit Kräutern gegen Alltagsbeschwerden

Die Pflanzenheilkunde ist so alt wie der Mensch. Sie ist auch heute noch die am weitesten verbreitete Form der Gesundheitsfürsorge. Nach Schätzungen der Weltgesundheitsorganisation ist sie in einigen asiatischen und afrikanischen Ländern für ungefähr 80 Prozent der Bevölkerung die wichtigste Quelle medizinischer Versorgung. Über Jahrtausende sammelten und verglichen die Ärzte des Altertums Informationen über Heilkräuter. Heute geben wissenschaftliche Studien weiteren Aufschluss über diese wertvollen Arzneien. Pflanzenstoffe haben die wunderbare Eigenschaft, unzählige nützliche Funktionen im Körper erfüllen zu können.

Die moderne pharmazeutische Medizin hat der Pflanzenheilkunde viel zu verdanken, denn viele Medikamente lassen sich darauf zurückführen. Das bekannteste Beispiel ist der Weidenbaum, dessen Rinde Salicylsäure enthält – den Wirkstoff von Aspirin. Oder auch das Herzmittel Digoxin, das aus dem Fingerhut gewonnen wird.

Das Schöne an pflanzlichen Arzneimitteln sind die meist geringeren Nebenwirkungen. Sie ziehen eher mit dem Körper an einem Strang, als sich über seine Selbstheilungskräfte hinwegzusetzen.

Dem *American Botanical Council* zufolge gehören Cranberry, Sägepalme, Knoblauch, Ginkgo, Sonnenhut, Frauendistel, Traubensilberkerze, Johanniskraut und Ginseng zu den Bestsellern der Kräuterheilkunde. Sie helfen bei Harnwegsinfekten und Prostatabeschwerden, Abwehrschwäche, Leberleiden, bei der Herstellung des hormonellen Gleichgewichts, der Aufhellung der Stimmung und der Energiezufuhr. Diese Top-Heilkräuter decken ein breites Beschwerdespektrum ab und verdeutlichen die Bandbreite der Pflanzenheilkunde.

Es gibt mehrere Möglichkeiten, Pflanzenauszüge herzustellen. Am wichtigsten sind Mazeration und Perkolation. Bei der Mazeration werden die Kräuter 1 bis 2 Wochen bei Zimmertemperatur in ein Lösungsmittel gegeben. Bei der Perkolation tropft das Lösungsmittel durch ein hohes, mit Kräutern gefülltes Gefäß.

Daneben gibt es Absud (das Heilkraut köchelt etwa eine halbe Stunde in Wasser), Aufguss (die Pflanzenteile ziehen wie bei der Teezubereitung in Wasser) und Pressung (aus den Kräutern wird Saft herausgepresst).

Wenige, aber spannende Studien zeigen, dass die Fermentation die Eigenschaften und Inhaltsstoffe von Kräutern positiv beeinflusst. Eine 2012 im *Journal of Ethnopharmacology* erschienene Studie zeigte, dass fermentierter Ginseng verglichen mit der nicht fermentierten Wurzel das Fünfzehnfache eines krebshemmenden Wirkstoffs enthielt. Forschungen zufolge, die 2012 in der Zeitschrift *Bioscience, Biotechnology and Biochemistry* veröffentlicht wurden, lindert fermentierter grüner Tee die Folgen alkoholbedingter Leberschäden.

Eine Studie, die 2010 im *Journal of Herbal Medicine and Toxicology* erschien, untersuchte die Wirkung der Fermentation von *Phyllanthus niruri*, einer traditionellen ayurvedischen Heilpflanze mit antimikrobieller Wirkung. Sie wurde einmal mit den natürlichen Laktobazillen auf ihrer Oberfläche und einmal mit handelsüblichem *Lactobacillus acidophilus* fermentiert. Im Vergleich zum Rohextrakt erhöhte dies ihre antimikrobielle Wirkung um 80 bis 170 Prozent. Außerdem war die Wirksamkeit der mit den eigenen Laktobazillen fermentierten Kräuter um 49 Prozent höher als bei der Verwendung von isoliertem *Lactobacillus acidophilus*. Eine 2009 in der Zeitschrift *Phytotherapy Research* veröffentlichte Untersuchung ergab eine erhöhte Bioverfügbarkeit und immunmodulatorische Wirkung von fermentierten Kräutern bei der Behandlung des atopischen Ekzems. Obwohl noch nicht allzu viele Informationen vorliegen, sind die bisherigen Studien vielversprechend. Dies macht die Fermentation von Heilkräutern zu einem wunderbaren neuen Forschungsgebiet.

Es ist eine faszinierende Vorstellung, dass die Fermentation Kraft und Wirksamkeit jeder beliebigen Heilpflanze erhöhen könnte. Wir wissen zwar noch nicht, wie sich das zum Beispiel auf die Kamille auswirkt, aber es ist allemal spannend, darüber nachzudenken. Aber ich möchte zur Vorsicht mahnen, falls Sie verschreibungspflichtige Medikamente nehmen oder unter einer chronischen Erkrankung leiden, da noch nicht genau bekannt ist, welche Inhaltsstoffe durch die Fermentation verändert werden. Bitte klären Sie mit Ihrem Arzt, ob spezielle Heilkräuter für Sie geeignet sind.

Kräuter gegen Alltagsbeschwerden

Es folgen einige Kräuter und Gewürze zur Behandlung häufiger gesundheitlicher Beschwerden. Ich nenne ihre wesentlichen Wirkungen. Falls Sie aber unter einer chronischen Erkrankung leiden, schwanger sind oder stillen, bitte ich Sie, Ihren Arzt zu fragen, ehe Sie mit der Fermentation beginnen. Die Liste ist beileibe nicht vollständig. Es folgt auch nicht zu jedem Heilkraut ein Rezept. Ich denke aber, dass die ausgewählten Pflanzen gut für die zweite Fermentation geeignet sind. Darum: Experimentieren Sie!

Wir wissen bereits, dass fermentierte Getränke dem Darm wohltun und eine gesunde Verdauung fördern. Bei spezielleren Beschwerden kann der Zusatz von Kräutern völlig neue Perspektiven eröffnen:

Fenchel schmeckt nicht nur köstlich, er kann auch wirkungsvoll die Verdauung beruhigen. Als sogenanntes Karminativum lindert er Blähungen, indem er den Darm mit wärmender Energie erfüllt. Auch bei Koliken wird er traditionell eingesetzt.

Ingwer ist ein Star unter den Entzündungshemmern. Er hilft der Verdauung, lindert Schmerzen und Übelkeit – vor allem Unwohlsein in der Schwangerschaft – und wirkt antimikrobiell. Er wärmt, unterstützt den Kreislauf und versorgt den Verdauungsapparat mit Energie.

Kamille: Wie der Fenchel ist sie ein Karminativum (Anti-Blähmittel) und entspannt die Darmmuskulatur, lindert Schmerzen und Krämpfe. Sie wirkt Wunder bei festsitzenden Gasen, lindert Blähungen und kann die Symptome eines Reizdarms reduzieren. Kamille wirkt entzündungshemmend, sowie entspannend und hilft, Ängste abzubauen. Sie eignet sich auch gut für die Behandlung von Kindern – vor allem bei Koliken oder Hyperaktivität.

Kurkuma: Die entzündungshemmende, antioxidative, antimikrobielle, karminative und cholesterinsenkende Kurkumawurzel gehört zu den Superhelden. Ich kann nur spekulieren, wie sich die Fermentation auf ihr diesbezügliches Potenzial auswirken könnte.

Löwenzahn ist eines meiner Lieblingskräuter. Er regt die Verdauung an, lindert Blähungen und tut der Leber wohl.

Pfefferminze: Am bekanntesten dürfte die Pfefferminze wohl dafür sein, dass sie Übelkeit dämpft. Als Karminativum (Anti-Blähmittel) lindert sie Krämpfe, Schmerzen im Verdauungstrakt und Blähungen.

Zimt ist wärmend und hilft bei Verdauungsbeschwerden wie Appetitverlust, Durchfall, leichten Krämpfen und Blähungen. Einige Forschungen empfehlen seine Verwendung bei Diabetes, um die Insulinempfindlichkeit zu verbessern. Zimt wirkt antibakteriell und antimykotisch.

Da sich 80 Prozent unseres Immunsystems im Darm befinden, sind beide untrennbar miteinander verbunden. Fermentierte Getränke steigern die allgemeinen Abwehrkräfte. Ausgewählte Kräuter können sie zusätzlich ankurbeln:

Holunderblüten helfen bei Erkältung, Grippe, Nebenhöhlenentzündung, Heuschnupfen, Halsschmerzen und Bronchitis. Sie lösen den Schleim und regen die Schweißbildung an, um das Fieber unter Kontrolle zu bringen.

Knoblauch dient seit seiner Entdeckung als Nahrungs- und Arzneimittel. Sanskritaufzeichnungen belegen seine Verwendung bereits vor 5000 Jahren. Auch die alten Ägypter wehrten damit Infektionen ab. In beiden Weltkriegen kam er zur Vorbeugung von Wundbrand und bei Infektionen zum Einsatz. Mit seiner antimikrobiellen und immunsteigernden Schärfe eignet er sich wunderbar zur Abwehr und Behandlung von Erkältungen und Husten. Der Haken ist, dass sein Wirkstoff Allicin nicht erhitzt werden sollte. Da ist die Fermentation perfekt!

Ringelblume unterstützt den Lymphfluss. Wegen ihrer entzündungshemmenden Wirkung wird sie bei Entzündungen von Mund, Rachen und Lymphknoten, Geschwüren, Zysten und Erkrankungen der Fortpflanzungsorgane eingesetzt. Äußerlich angewendet fördert sie die Wundheilung.

Salbei: Der adstringierende, antioxidative und antimikrobielle Salbei ist die perfekte Wahl bei Halsschmerzen oder anderen Entzündungen im Mund- und Rachenraum. Er kann eine übermäßige Schweißproduktion, Hitzewallungen und Nachtschweiß lindern. Schwangere und vor allem stillende Mütter sollten sich allerdings davon fernhalten, da er traditionell dazu dient, den Milchfluss zu stoppen.

Sonnenhut (*Echinacea*) ist eine der bekanntesten Pflanzen mit immunmodulierender und -stimulierender Wirkung. Darüber hinaus verbessert er den Lymphfluss und die Entgiftung des Körpers. Er eignet sich zur Behandlung von Infektionen der oberen Atemwege und steigert die Abwehrreaktion des Körpers.

Thymian: Auch der antibakterielle, antimykotische, antimikrobielle und antioxidative Thymian hilft hervorragend gegen Halsschmerzen, Husten und andere Infektionen der oberen Atemwege.

Die folgenden Kräuter verleihen Ihren Fermentationsansätzen eine neue Dimension. Ob Sie sich nach Entspannung sehnen, die Nebennieren unterstützen möchten oder Hilfe beim Schlafen brauchen – mit diesen Pflanzen sind Sie auf dem richtigen Weg:

Baldrian fördert nicht nur den Schlaf, sondern wird auch zum Abbau von Angst und Stress eingesetzt.

Lavendel: In der Aromatherapie ist die entspannende Wirkung von Lavendel bestens bekannt. Bei innerer Anwendung wirkt er ähnlich und hilft bei Unruhe, Angst, Niedergeschlagenheit und Schlafstörungen. Wegen seiner ätherischen Öle eignet er sich am besten für die zweite Fermentation.

Passionsblume lindert Ängste, nervöse Spannungen, Unruhe und Reizbarkeit. Sie unterstützt den Schlaf, dämpft angstbedingte Symptome wie Herzrasen oder Kopfschmerzen und hat eine sanft beruhigende Wirkung.

Süßholz ist eines meiner Lieblingsmittel. Es unterstützt und verbessert die Funktion der Nebennieren, die in längeren Stressphasen viel aushalten müssen. Süßholz ist nicht nur für das Nervensystem, sondern auch bei Husten, Magengeschwüren oder Reflux sowie einigen Erkrankungen der Fortpflanzungsorgane hilfreich. Harntreibende oder abführende Mittel können die Kaliumspeicher leeren. Die gleichzeitige längere Einnahme von Süßholz kann diese Verluste verstärken und sollte überwacht werden.

Zitronenmelisse: Bezüglich der Fermentation von Zitronenmelisse bin ich in der Forschung fündig geworden. Laut einer 2013 in der Zeitschrift *Romanian Biotechnological Letters* veröffentlichten Studie ist sie bei der Zubereitung von Kombucha ein guter Ersatz für schwarzen Tee und verkürzt sogar den Fermentationsprozess.

Die Studie verglich Zitronenmelisse, Pfefferminze, Thymian und Salbei. Pfefferminze und Thymian belegten den zweiten und dritten Platz. Salbei wurde wegen seiner langen Fermentations- dauer nicht empfohlen. Die sanfte Zitronenmelisse unterstützt den Schlaf, hilft bei nervöser Anspannung und Reizbarkeit. Daraus ergibt sich auch ihre Wirkung auf den Darm, da sie allen nützt, denen Nervosität auf den Magen schlägt. Darüber hinaus kann sieVerdauungsstörungen, Blähungen und Koliken lindern.

Weitere hilfreiche Kräuter und Pflanzen

Die folgenden Pflanzen gehören zwar streng genommen nicht zu den „Heilkräutern", können aber ganz ähnlich eingesetzt werden. Sie haben viele gesunde Eigenschaften und eignen sich hervorragend als Fermentationsgrundlage.

Der grüne Tee wird genau wie der schwarze Tee aus den Blättern der *Camellia sinensis* hergestellt. Nur der Prozess ist ein anderer. Schwarzer Tee wird gerollt und fermentiert, grüner Tee wird mit Wasserdampf erhitzt, um die Fermentation zunächst zu verhindern. Grüner Tee hat viele wohltuende Eigenschaften. Er enthält oxidationshemmende Catechine, die eine deutliche Wirkung zeigen: Vor allem dem Epigallocatechin-3-Gallat (EGCG) wird nachgesagt, Krebs, Übergewicht, Arteriosklerose, Diabetes, Bakterien, Viren und sogar Karies zu bekämpfen.

Grüner Tee wirkt in mehrfacher Hinsicht krebshemmend. Er unterstützt den Abbau krebserregender Substanzen in der Nahrung, indem er Phase II der Biotransformation ankurbelt und die Bildung schädlicher reaktiver Zwischenprodukte in Phase I reduziert. Eine 2009 in der Zeitschrift *Nature Reviews Cancer* erschienene Studie zeigt, dass grüner Tee die Teilung von Krebszellen stört, die korrekte Signalübertragung bei der Zellteilung unterstützt sowie Zellinvasion und Metastasierung schwächt. Laut Forschungen, die 2008 in der Zeitschrift *Chinese Medicine* veröffentlicht wurden, gilt dies besonders bei Brust- und Eierstockkrebs. Grüner Tee unterstützt den programmierten Zelltod, die sogenannte Apoptose. Diese Form der Qualitätskontrolle soll im Grunde sicherstellen, dass die Arbeit der Zellen reibungslos abläuft.

Laut einer 2004 in der Zeitschrift *BMC Pharmacology* erschienenen Studie verbesserte Grüntee die durch Übergewicht reduzierte Insulinresistenz. Sein Genuss wird mit einem geringeren Risiko für Diabetes Typ 2 in Verbindung gebracht, da er über die Regulation der Leberenzyme den Nüchternblutzucker senkt.

Grüner Tee kann die Gewichts- und Fettreduktion unterstützen, da er den Energieumsatz erhöht und die Fettverbrennung fördert (*Journal of Nutritional Biochemistry*, 2011). Ein 2012 in der Zeitschrift *Molecular Nutrition and Food Research* erschienener Artikel vermutet, dies könne darauf zurückzuführen sein, dass EGCG den Fettstoffwechsel in der Leber anregt und die Bildung neuer Fettreserven mittels Lipogenese (Umwandlung von Glukose in Fettsäuren) hemmt.

Weitere Inhaltsstoffe wie Theanin und Gamma-Aminobuttersäure (GABA) senken den Blutdruck und regulieren Gehirn- und Nervenfunktion. Grüner Tee enthält auch abwehrstärkendes Vitamin C mit zusätzlich antioxidativer Wirkung.

Was also geschieht bei der Fermentation? Laut einer 2012 in der Zeitschrift *Bioscience, Biotechnology and Biochemistry* erschienenen Studie reduzierte mit *Lactobacillus fermentum* vergorener Grüntee das Risiko alkoholbedingter Leberschäden, indem er den Anteil an Alkoholdehydrogenase erhöhte. Dieses Enzym ist für den Abbau von Alkohol zu Acetaldehyd und harmloser Essigsäure zuständig.

Mate-Tee ist ein Aufguss aus den Blättern des Mate-Strauchs (*Ilex paraguariensis*) und in Südamerika weit verbreitet. Eine 2010 in der Zeitschrift *Comprehensive Reviews in Food Science Technology and Food Safety* erschienene Studie belegt, dass er mehr Antioxidantien und Polyphenole enthält als alle anderen Getränke, außerdem Koffein, Theobromin, Alkaloide, Flavonoide, Aminosäuren, Mineralstoffe und die Vitamine C, B_1 und B_2.

Aufgrund seiner chemischen Zusammensetzung kann er den schwarzen Tee bei der Kombuchaherstellung ersetzen. Dabei wirkt er selbst gesundheitsfördernd: Er senkt den Cholesterinspiegel, schützt die Leber, wirkt antioxidativ, unterstützt Herz und Kreislauf und schützt vor Lungenentzündung infolge von Zigarettenrauch (*Journal of Food Science*, 2007 und *Journal of Ethnopharmacology*, 2011).

Mate-Tee enthält zwar Koffein, aber seine positive Wirkung und die enthaltenen Nährstoffe helfen, dessen Nebenwirkungen wie Nervosität und den anschließenden Durchhänger zu verhindern.

Rooibos ist ein Tee aus den fermentierten Blättern des afrikanischen Strauchs *Aspalathus linearis*. Er enthält kein Koffein, kaum Tannine und schmeckt deshalb natürlich süß. Dafür finden sich viele Antioxidantien, vor allem Polyphenole, einschließlich Aspalathin, Nothofagin, Quercetin, Rutin und Luteolin. Diese Substanzen lindern Gefäßentzündungen, die wesentlich zu Herz- und Schlaganfallerkrankungen beitragen. Rooibos-Tee enthält Mineralstoffe wie Kalium, Kupfer, Kalzium, Zink, Mangan und Magnesium und erhöht die Eisenaufnahme.

Er wirkt entzündungshemmend, verhindert Zellmutationen, senkt den Blutzucker, schützt das Herz und mindert oxidativen Stress.

Nützliche Infos

- Pflanzliche Arzneimittel haben oft weniger Nebenwirkungen als pharmazeutische Produkte. Sie können eine bestimmte Wirkung im Einklang mit dem Körper erzielen, statt sich über seine Selbstheilungskräfte hinwegzusetzen.
- Neuesten Studien zufolge kann sich die Fermentation positiv auf die Inhaltsstoffe und Eigenschaften von Kräutern auswirken. Forschungen zeigen, dass sich dadurch ihre Bioverfügbarkeit erhöht. Es ist noch nicht endgültig geklärt, welches Potenzial in der Fermentation von Kräutern steckt.
- Bislang liegen zu diesem Thema nur wenige Informationen vor. Deshalb dürfen Sie selbst eigene Experimente anstellen. Die folgenden Rezepte sollen dabei als Ausgangspunkt dienen. Falls Sie schwanger sind, stillen oder an einer chronischen Erkrankung leiden, bitte ich Sie, zuvor Rücksprache mit Ihrem Arzt zu halten.

Fermentierte Getränke mit Kräutern und Gewürzen für Ihr Wohlbefinden

Morgendlicher Energiespender

Die Knollenpflanze Maca ist in den Bergen Perus zu Hause. Sie ist reich an Kalzium, Magnesium, Phosphor, Kalium, Eisen und B-Vitaminen und hat ein tolles Antioxidantienprofil. Traditionell dient sie dazu, die körperliche Ausdauer zu steigern und sowohl die Geistes- als auch die Sexualfunktion zu stärken. Sie soll die Leistung von Hypothalamus und Hypophyse optimieren und so das gesamte Hormonsystem ins Gleichgewicht bringen. Das Rezept enthält Ingwer und Cayennepfeffer, um Stoffwechsel und Kreislauf in Schwung zu bringen.

480 ml Kombucha (Seite 32)
10 Scheiben frischer Ingwer, ungeschält
1 TL Maca-Pulver in Bio-Qualität
1–2 Prisen Cayennepfeffer

Alle Zutaten in ein Glasgefäß geben und verschießen. Bei Zimmertemperatur an einem Platz ohne direkte Sonneneinstrahlung 2 Tage stehen lassen.

Abseihen und in eine luftdichte Flasche füllen. So bleibt der Kombucha im Kühlschrank 1 Monat haltbar.

Ergibt: 2 Portionen (ca. 480 Milliliter)

Verdauungshelfer

Diese Kräutermischung hilft, Bauchschmerzen und Blähungen zu lindern. Kamille und Zitronenmelisse beruhigen zudem die Nerven. Als Grundlage für den Kombucha dient Rooibos-Tee, damit Koffein kein Thema ist. Perfekt als Verdauungshelfer nach dem Essen!

480 ml Kombucha (Seite 32) aus Rooibos-Tee
1 TL getrocknete Kamillenblüten
1 TL getrocknete Zitronenmelisse
1 TL getrocknete Pfefferminze

Alle Zutaten in ein Glasgefäß geben und verschließen. Bei Zimmertemperatur an einem Platz ohne direkte Sonneneinstrahlung 2 Tage stehen lassen.

Abseihen und in eine luftdichte Flasche füllen. So bleibt der Kombucha im Kühlschrank 1 Monat haltbar.

Ergibt: 2 Portionen (ca. 480 Milliliter)

Darmheilungs-Kefir

Rotulmenpulver besteht aus der gemahlenen inneren Rinde von *Ulmus rubra*. Es ist hydrophil, es zieht also Wasser an und speichert es, sodass eine gallertartige Masse entsteht. Im Körper wird es von Darmbakterien zersetzt, beruhigt einen gereizten und entzündeten Magen-Darm-Trakt und lindert die Symptome von Durchfall, Magenschleimhautentzündung, Reflux, Magengeschwüren und Reizdarmsyndrom. Gemahlene Rotulmenrinde enthält Vitamin C, Zink, Magnesium, Eisen, Kalium und B-Vitamine. Der Haken an der Sache? Es schmeckt nicht sonderlich gut. Gemahlene Rotulmenrinde dürfte kaum ein typischer Zusatz für täglich genossene Getränke sein, aber mit dieser Mischung harmoniert sie recht gut. Sie passt zu Banane, Kakao und Zimt. Die Kurkuma spielt ihre ganz eigene Rolle als darmfreundliches und entzündungshemmendes Gewürz. Experimentieren Sie mit den Zutaten, bis Ihnen die Mengenverhältnisse zusagen.

240 ml Kokosmilchkefir (Seite 28) oder Milchkefir (Seite 24) oder Kokoswasserkefir (Seite 30)

½ Banane

1–2 TL gemahlene Rotulmenrinde (mit 1 TL beginnen)

1 TL Kakaopulver in Rohkostqualität

¼ TL gemahlener Zimt

¼ TL gemahlene Kurkuma

Alle Zutaten in den Mixer geben und gründlich pürieren. Sofort servieren. Lässt man den Drink stehen, saugt die Rotulmenrinde einen großen Teil der Flüssigkeit auf und es entsteht ein dicker Brei.

Ergibt: 1 Portion (ca. 240 Milliliter)

Stress-lass-nach-Kombucha

Diese Mischung aus Zitronenmelisse und Süßholz schmeckt köstlich und entspannt Verdauungs- und Nervensystem. Zitronenmelisse ist das perfekte Mittel für Menschen, denen Sorgen auf den Magen schlagen. Süßholz nährt und heilt gestresste Nebennieren.

480 ml Wasser
50 g weißer Zucker oder Rapadura
1 EL getrocknete Zitronenmelisse
1 Kombuchapilz
120 ml Kombucha (Seite 32)
½–1 TL Süßholzwurzel, geraspelt

Wasser im Topf zum Kochen bringen und Zucker darin auflösen. Zitronenmelisse zugeben (oder in einer Teekugel im Sirup ziehen lassen) und Mischung vollständig abkühlen lassen.

Den abgekühlten Tee in ein Glasgefäß mit großer Öffnung seihen. Kombuchapilz und Kombucha zugeben und nach Anleitung (Seite 32) fermentieren.

475 Milliliter fertigen Kombucha mit der Süßholzwurzel in ein Glasgefäß geben, verschließen und 1 Tag stehen lassen.

Abseihen und den Kombucha in eine luftdicht verschließbare Flasche füllen. So ist er im Kühlschrank 1 Monat haltbar.

Ergibt: 2 Portionen (ca. 480 Milliliter)

Löwenzahnwurzel-Smoothie

Am bekanntesten ist Löwenzahntee dafür, dass er die Leber bei der Galleproduktion unterstützt. Als Magenbitter regt er die Verdauungssäfte an.

240 ml Wasser

1 Beutel Löwenzahnwurzeltee oder 1 TL Löwenzahnwurzel, gerieben

120 ml Milchkefir (Seite 24)

½–1 Banane

½ TL gemahlener Zimt

Wasser im Topf zum Kochen bringen. Teebeutel hineingeben und 5 Minuten ziehen lassen.

Fertigen Tee mit den übrigen Zutaten im Mixer gründlich pürieren. Sofort servieren.

Ergibt: 1½ Portionen (ca. 360 Milliliter)

Köstlicher Frühstücks-Kefir

Als ich neulich eine Freundin besuchte, bekam ich in einem Café einen unglaublich leckeren Schoko-Kaffee-Smoothie serviert. Er enthielt keine fermentierten Zutaten, war aber so köstlich, dass ich meine eigene Version entwickeln wollte.

240 ml fermentierte Mandel-Kokosmilch (Seite 104) oder Milchkefir (Seite 24)

240 ml Mandel-, Hafer- oder Reismilch oder andere Milch Ihrer Wahl

60 ml fertigen Kaffee

1 Banane

2 TL Kakaopulver in Rohkostqualität

1–2 TL naturreiner Ahornsirup

Alle Zutaten in einen Mixer geben und gründlich pürieren. Probieren und auf Wunsch noch Kaffee oder Ahornsirup zugeben. Sofort servieren.

Ergibt: 2 Portionen (ca. 480 Milliliter)

Elektrolytspender für Sportler

Dieses Rezept enthält Kokoswasserkefir wegen der Elektrolyte, Mandeln und Chiasamen wegen der Proteine, Grünkohl und Beeren wegen der zusätzlichen Nährstoffe und für den Geschmack.

360 ml Kokoswasserkefir (Seite 30)
1 tiefgefrorene Banane
150 g Bio-Blaubeeren oder andere Beeren
30–40 g Grünkohl oder Spinatblätter
30–40 g Mandeln in Rohkostqualität
2 EL Chiasamen

Alle Zutaten in den Mixer geben und bei hoher Geschwindigkeit gründlich pürieren. Sofort servieren.

Ergibt: 2 Portionen (ca. 480 Milliliter)

Salbei-Zitronen-Halströster

Der antibakterielle Salbei beruhigt den Hals. Und die adstringierende Zitrone steuert viel Vitamin C bei. Der Zusatz von antibakteriellem Manuka-Honig besänftigt die Halsreizung und macht die Mischung zum idealen Getränk, wenn Sie ein wenig angeschlagen sind. Wenn gewünscht, können Sie auch frischen Thymian und Knoblauch zugeben. Thymian sollte nicht mitfermentiert werden, da die ätherischen Öle den Bakterien schaden könnten. Geben Sie ihn unmittelbar vor dem Verzehr hinzu. Auch eine halbe gehackte Knoblauchzehe kann einen zusätzlichen antibakteriellen Kick geben.

240 ml Wasserkefir (Seite 26)
12–14 frische Salbeiblätter
2 Scheiben einer Bio-Zitrone
kalt geschleuderter Honig, am besten Manuka-Honig zum Servieren

Kefir, Salbei und Zitronenscheiben in ein Glasgefäß geben, verschließen und bei Zimmertemperatur 1 Tag oder länger stehen lassen – falls Ihr Hals so lange warten kann!

Mit etwas Manuka-Honig servieren und nach Bedarf in kleinen Schlucken trinken.

Ergibt: 1 Portion (ca. 240 Milliliter)

Mate-Zitronen-Granita

Dieses Rezept erinnert mich an meine Jugend, als ich riesige Becher zuckriger Slushies verschlang. Trinken Sie das herbe Getränk, bevor es schmilzt!

480 ml Kombucha (Seite 32) aus Mate-Tee (nicht zu sauer werden lassen)
2 EL frisch gepresster Zitronensaft
½ TL Zitronenschale, abgerieben (von einer Bio-Zitrone), auf Wunsch auch mehr

Alle Zutaten in einem flachen Gefäß mischen und einige Stunden einfrieren.

Aus dem Gefrierschrank nehmen und mit der Gabel abschaben, bis die Konsistenz von Granita erreicht ist.

In Gläser füllen und sofort servieren.

Ergibt: 2 Portionen (ca. 480 Milliliter)

Reinigender Ringelblumen-Kombucha

Ringelblumen haben eine stark reinigende Wirkung, vor allem auf das Lymphsystem. Der Verzehr kann anfangs Pickel verursachen, da die Haut entgiftet, aber Durchhaltevermögen wird mit einem strahlenden Teint belohnt.

480 ml Kombucha (Seite 32)
2 TL getrocknete Ringelblumen

Zutaten in ein Glasgefäß geben, verschließen und bei Zimmertemperatur 2 Tage stehen lassen. Gekühlt ist der Kombucha 1 Monat haltbar.

Ergibt: 2 Portionen (ca. 480 Milliliter)

Traditioneller Honigmet

Met ist ein süßer Wein aus vergorenem Honig. Traditionell diente er als Quelle für Nährstoffe, besonders für B-Vitamine und andere heilende Substanzen. Für dieses Rezept benötigen Sie naturbelassenen Honig; er liefert die für die Fermentation nötigen Hefen. In pasteurisiertem Honig sind die Hefen bereits tot. Sandor Katz schreibt in *The Art of Fermentation*, die Hefen im Honig seien normalerweise nicht aktiv. Wird er aber mit Wasser verdünnt, erwachen sie zum Leben. Met lässt sich auch mit einer Starterkultur herstellen, ich habe mich hier jedoch für die natürliche Version entschieden.

360 g kalt geschleuderter Honig
800 ml kaltes Wasser

Honig mit Wasser verrühren. Man braucht etwas Geduld, um den Honig im kalten Wasser zu lösen, aber es ist unumgänglich, da er die für den Fermentationsprozess benötigten Hefen liefert. Sie können Honig und Wasser in einem Schraubdeckelglas oder in einer Schüssel mischen. Dazu das verschlossene Schraubdeckelglas ordentlich schütteln oder das Honig-Wasser-Gemisch in der Schüssel kräftig umrühren – mal in die eine, mal in die andere Richtung.

Die fertige Mischung 4- bis 5-mal am Tag schütteln oder umrühren. Nach einigen Tagen sollten dabei erste Bläschen zu sehen sein. Die Hefe erwacht! Der Ansatz sollte nun kräftig weiterblubbern, bis die Bläschenbildung nach 7 bis 10 Tagen allmählich nachlässt. Bei Kälte kann dieser Vorgang deutlich mehr Zeit in Anspruch nehmen.

Der Fermentationsprozess kann sich über Jahre hinziehen, wenn man ihn lässt. Met kann aber auch „jung“ getrunken werden, sobald die Bläschenbildung ihren Höhepunkt überschritten hat und nachlässt. Sandor Katz erklärt dies damit, dass Honig sowohl Glukose als auch Fruktose enthält. Die Glukose leitet den schnellen anfänglichen Gärprozess ein, die Fruktose wird dann über Monate hinweg fermentiert. Traditionell wird Met eher jung getrunken.

Ergibt: 4 Portionen (ca. 1 Liter)

Met mit selbstgepflückten Löwenzahnblüten und Brennnesselblättern

Bei der Zubereitung dieses Rezeptes werden Sie sich wie ein echter Heilkräuterexperte fühlen. Pflücken Sie ein paar Löwenzahnblüten, aber keinesfalls die stark belasteten vom Straßenrand. Sie können sich beim Sammeln auch Zeit lassen und die Blüten zunächst einfrieren. Die Brennnesseln können Sie ebenfalls wild sammeln. Je nach Jahreszeit findet man sie aber auch auf Bauernmärkten. Löwenzahn und Brennnessel machen Ihren Met leberfreundlich und geben einen Mineralstoffkick.

800 ml Wasser
30 g Löwenzahnblüten (gelbe Köpfe dicht unter der Blüte abschneiden)
15 g Brennnesselblätter
360 g kalt geschleuderter Honig

Wasser zum Kochen bringen. Löwenzahnblüten und Brennnesselblätter in eine Schale geben und mit kochendem Wasser übergießen. Abkühlen lassen, abseihen und den Honig unterrühren.

Die fertige Mischung 4- bis 5-mal am Tag schütteln oder umrühren. Nach einigen Tagen sollten erste Bläschen zu sehen sein. Die Hefe erwacht!

Der Ansatz sollte nun weiterblubbern, bis die Bläschenbildung nach 7 bis 10 Tagen allmählich nachlässt. Bei Kälte kann dies deutlich mehr Zeit in Anspruch nehmen.

Der Fermentationsprozess kann jahrelang weitergehen - wenn man ihn lässt. Met kann aber auch „jung" getrunken werden, sobald die Bläschenbildung den Höhepunkt überschritten hat und nachlässt. Sandor Katz erklärt dies damit, dass Honig sowohl Glukose als auch Fruktose enthält. Die Glukose leitet den schnellen anfänglichen Gärprozess ein, die Fruktose wird dann über Monate hinweg fermentiert. Traditionell wird Met eher jung getrunken.

Ergibt: 4 Portionen (ca. 1 Liter)

Kamille-Vanille-Met

Ich liebe diese Kombination aus Kamille, Vanille und der Honigsüße des Mets. Trinken Sie diese herrliche Mischung nach dem Essen. Sie beruhigt und entspannt Darm und Nervensystem.

800 ml Wasser
25 g getrocknete Kamillenblüten
360 g kalt geschleuderter Honig
1 Vanilleschote, aufgeschlitzt

Wasser zum Kochen bringen. Kamillenblüten in eine Schüssel geben und mit kochendem Wasser übergießen. Abkühlen lassen, abseihen und den Honig einrühren. Mit der Vanilleschote in eine Flasche füllen.

Die fertige Mischung 4- bis 5-mal am Tag kräftig schütteln oder umrühren. Nach einigen Tagen sollten dabei erste Bläschen zu sehen sein. Die Hefe erwacht! Der Ansatz sollte nun weiterblubbern, bis die Bläschenbildung nach 7 bis 10 Tagen allmählich nachlässt. Bei Kälte kann dies deutlich mehr Zeit in Anspruch nehmen.

Der Fermentationsprozess kann jahrelang weitergehen - wenn man ihn lässt. Met kann aber auch „jung" getrunken werden, sobald die Bläschenbildung den Höhepunkt überschritten hat und nachlässt. Sandor Katz erklärt dies damit, dass Honig sowohl Glukose als auch Fruktose enthält. Die Glukose leitet den schnellen anfänglichen Gärprozess ein, die Fruktose wird dann über Monate hinweg fermentiert. Traditionell wird Met eher jung getrunken.

Ergibt: 4 Portionen (ca. 1 Liter)

Milchsauer vergorene Holunderblütenlimonade

Hier wird ein anderer Starter verwendet: Molke. Diese wässrige Flüssigkeit setzt sich ab, wenn Joghurt im Kühlschrank steht. Unten finden Sie eine Anleitung, wie Sie Molke selbst herstellen können.

1 Liter Wasser
7–15 g getrocknete Holunderblüten
2 EL kalt geschleuderter Honig
180 ml Molke (siehe unten)
2 Scheiben frischer Ingwer oder Kurkuma, ungeschält

Molke (plus Frischkäse)

350 g Vollmilchjoghurt oder 360 ml Milchkefir (Seite 24)

Schüssel mit Mulltuch auslegen. Joghurt oder Kefir hineingeben, Ecken des Tuchs zusammenbinden. Tuch über die Schüssel hängen und Joghurt oder Kefir über Nacht abtropfen lassen.

Am nächsten Morgen befindet sich eine blassgelbe Flüssigkeit in der Schüssel – die Molke. Luftdicht verschlossen hält sie 6 Monate im Kühlschrank. Im Tuch bleibt Frischkäse zurück, der gekühlt mindestens 2 Wochen haltbar ist.

Ergibt: 175 Milliliter

Wasser zum Kochen bringen. Holunderblüten in eine Schüssel geben und mit kochendem Wasser übergießen. Abkühlen lassen, abseihen und Honig einrühren.

1-Liter-Flasche bis maximal 2,5 Zentimeter unter dem Rand mit Holunderblütentee und Molke befüllen. Ingwer oder Kurkuma zugeben. Mit Mulltuch abdecken und bei Zimmertemperatur ohne direkte Sonneneinstrahlung 2 bis 3 Tage stehen lassen.

Sofort servieren oder in eine luftdichte Flasche füllen. So ist die Limonade 1 Monat im Kühlschrank haltbar. Regelmäßig kontrollieren, da der Fermentationsprozess weitergeht und die Flasche unter Umständen „gelüftet" werden muss.

Ergibt: 4 Portionen (ca. 1 Liter)

KAPITEL 7

Die Utensilien

Es war mir sehr wichtig, dass alle Rezepte ohne ausgefallene Hilfsmittel oder komplizierte Verfahren zu Hause nachgemacht werden können. Aus diesem Grund habe ich die Portionsgrößen klein gehalten. Sie können aber jederzeit die doppelte oder dreifache Menge zubereiten.

Die folgende Liste enthält keine besonderen Hilfsmittel. Sie brauchen weder ausgefallenes Zubehör noch riesige Vorrichtungen, die Ihre ganze Küche füllen. Ich habe mich bewusst für kleinere Mengen entschieden, um Ihnen zu zeigen, wie mühelos sich fermentierte Getränke in Ihre Küche und Ihr Leben einfügen.

Schüsselsatz

Zur Herstellung fermentierter Getränke brauchen Sie mindestens eine Glas- oder Keramikschüssel. Ich selbst benutze für meine Kombucha- und Kefirkreationen am häufigsten eine 1-Liter-Schüssel.

Einmachgläser und Gärgefäße

Ich bin verrückt nach Gläsern! Ich bewahre alles darin auf: Nüsse, Körner, Smoothies und natürlich fermentierte Getränke! Es gibt sie in allen Formen und Größen, für den Ansatz und die Lagerung. Plastikflaschen und –gefäße sind zwar praktisch, Ihre Getränke sollten Sie trotzdem nicht darin fermentieren. Denn es können sich chemische Stoffe lösen, die Sie dann zu sich nehmen. Es heißt, einige Kunststoffe seien frei von gefährlichen Chemikalien wie Phthalaten und Bisphenol A. Aber als Material, das über längere Zeit ein säurehaltiges Getränk beherbergen soll, ist mir Plastik einfach suspekt. Verwenden Sie nach Möglichkeit Glas. Metalle aller Art sind ebenfalls tabu. Die Säure frisst sich ins Metall, das dann ebenfalls in Ihrem Getränk landet.

Engmaschiges kleines Sieb

Dies ist das richtige Sieb für Ihren Kefir und behütet die kleinen Blumenkohlröschen, während Sie ihr neues Zuhause vorbereiten. Verwenden Sie kein Metall, es könnte mit dem Ansatz reagieren. Arbeiten Sie mit Kunststoff.

Normales Sieb

Da mein engmaschiges Sieb recht klein ist, habe ich auch ein normales Sieb zur Hand. Es dient mir hauptsächlich dazu, um nach der zweiten Fermentation das Obst, die Kräuter oder anderen Aromaträger zu entfernen. Im Grunde würde ein größeres engmaschiges Sieb genügen.

Messbecher und -löffel

Ein absolutes Muss! Ich verwende diese Maße so häufig wie möglich, damit ich nicht alle Zutaten abwiegen muss.

Mulltücher

Mulltücher gibt es in jedem Haushaltswarenladen oder im Internet. Sie sollten so dicht gewebt sein, dass sie Ihren Ansatz vor Insekten schützen.

Trichter

Ein Kunststofftrichter ist zwar nicht unbedingt erforderlich, kann Ihnen aber viel unnötigen Ärger, Verluste und klebrige Arbeitsflächen ersparen.

Flaschen

Zur Aufbewahrung Ihrer fertigen Kreationen werden Sie einige Flaschen benötigen. Ich bevorzuge 1-Liter-Flaschen mit Bügelverschluss. Sie schließen luftdicht, sodass sich Kohlensäure bilden kann, und sehen auch auf dem Tisch hübsch aus. Sie finden sie im Bier- oder Weinzubehörhandel oder in großen Haushaltswarenabteilungen. Die Wahl liegt bei Ihnen. Ich empfehle Glasflaschen - unter dem Vorbehalt, dass Sie regelmäßig den Druck kontrollieren.

Etiketten oder Malerkrepp

Sehr nützlich! Man glaubt natürlich, den Inhalt seiner Flaschen zu kennen. Aber deutlich lesbare Etiketten mit Datum und Zutaten sind einfach praktisch.

Häufig gestellte Fragen

Ich habe diesen Teil in einzelne Abschnitte für Kombucha, Kefir und Wasserkefir unterteilt. Ich hoffe aber, Sie werden hier auch Antworten auf Fragen zu anderen fermentierten Getränken finden.

Wo bekomme ich einen Kombuchapilz, Kefirknollen oder -kristalle?

Im Idealfall würden Sie von einer großzügigen Freundin mit einem Kombuchapilz und Kefirknollen oder -kristallen versorgt. Als Pionier in Ihrem Freundeskreis haben Sie auch andere Möglichkeiten. Das Internet ist die beste Bezugsquelle (siehe Bezugsquellen, Seite 186). Es gibt sogar eine deutschsprachige Mailingliste der internationalen Seite *The Kombucha Exchange*: *www.kombu.de/k-deu.htm*; hier werden Ihnen Fragen von vielen Fachkundigen beantwortet.

Fragen zum Kombucha

Mein Teepilz schimmelt. Ist er noch in Ordnung?

Wenn Sie bei irgendeinem Schritt nicht absolut sauber gearbeitet haben, kann sich auf der Oberfläche Ihres Kombuchapilzes Schimmel bilden. Er zeigt sich als kleine blaue, grüne oder schwarze pelzige Stellen und ähnelt dem Schimmel, der auch auf Brot entsteht. Wenn Ihr Kombuchapilz schimmelt, ist er leider verloren. Sie müssen Ihn entsorgen und mit einer neuen Kultur noch einmal anfangen.

Mein Kombuchapilz hat Freunde. Was sind das für Typen?

Falls Ihr Kombuchapilz braune Fäden zieht, ist das ein gutes Zeichen – ob Sie's glauben oder nicht! Dabei handelt es sich um Hefefäden, die auch in Klumpen herunterhängen können. Kombuchapilze haben eine eigene Persönlichkeit. Ich rede oft mit ihnen, wenn ich nachsehe, wie sie sich entwickeln. Ich bin mir sicher, es hilft! Ein Kombuchapilz mit Hefefäden und erhabenen Stellen ist gesund. Er kann sogar Beulen, Löcher oder gallertartige Stellen bekommen. Auch das ist in Ordnung. Ein glatter und sauberer Kombuchapilz ohne Verfärbungen ist wahrscheinlich inaktiv und wird den Tee nicht fermentieren. Man könnte die Hefefäden auch als „Schwarzarbeiter" betrachten, die nach Belieben in der Flüssigkeit herumschwimmen. Sie können sich sogar zu Grüppchen zusammenschließen und am Boden absetzen. All dies sind normale Begleiterscheinungen des Fermentationsprozesses.

Auf meinem Kombucha schwimmt ein Schleier. Warum?

Großartig, fassen Sie ihn nur nicht an! Sobald der Kombuchapilz im Tee ist, sollten Sie das Glas an seinen Platz stellen und ungestört stehen lassen. Der Schleier oder die ölige Schicht auf der Oberfläche zeigt den Anfang des neuen Teepilzes. Er bildet sich je nach Umgebungstemperatur ein paar Tage nach Fermentationsbeginn. Wenn Sie am Glas rütteln und die Flüssigkeit bewegen, wird der Prozess gestört und es dauert länger, bis eine neue Schicht entsteht. Das Glas sollte möglichst ruhig stehen, während Ihr neuer Pilz heranwächst.

Sollte der Kombuchapilz oben schwimmen oder nach unten sinken?

Während der Fermentation kann der Kombuchapilz herumschwimmen. Ich finde das niedlich – fast wie bei einer Katze, die es sich in ihrem Körbchen bequem macht. Ihr Kombuchapilz kann oben, in der Mitte oder unten schwimmen und mehrmals die Position wechseln. Er kann senkrecht oder waagerecht stehen. Wenn er an die Oberfläche steigt, kann er mit dem neuen Teepilz verschmelzen. Trennen Sie die beiden nach der Fermentation vorsichtig voneinander oder verwenden Sie den Riesenpilz für den nächsten Ansatz.

Woher weiß ich, dass es funktioniert?

Einen erfolgreichen Ansatz erkennt man an drei Dingen:

Erstens bildet sich ein neuer Pilz auf der Oberfläche der Flüssigkeit. Zweitens entstehen Hefeklumpen und Fäden. Drittens schmeckt die Flüssigkeit leicht nach Essig und ist nicht mehr so süß wie am Anfang.

Wenn nichts von alledem passiert, ist Ihr Kombuchapilz vielleicht nicht mehr gesund. Eventuell war die Flüssigkeit zu warm, als Sie ihn hineingegeben haben, und das hat ihn getötet. Gechlortes Wasser kann ein Problem sein. Oder es ist einfach zu kalt. Kombucha fermentiert am besten bei 24 bis 30 °C. Sie können ihn natürlich auf eine Heizmatte stellen, oder einfach geduldig abwarten. Denn solange der Pilz gesund ist, wird es irgendwann zur Gärung kommen. Früher, zu Zeiten der traditionellen Kombuchaherstellung, war es oft kalt in Europa. Vielleicht brauchen Sie einfach Geduld. Es kann sehr lange, möglicherweise sogar Monate dauern. Solange sich kein Schimmel bildet, ist alles in Ordnung.

Auch Zigarettenqualm oder ständiger Rauch von einem offenen Feuer, zum Beispiel einem Kamin, können dem Kombuchapilz schaden.

Wie sauer sollte mein Kombucha sein?

Der Säuregehalt des Tees ist wichtig. Er schützt den Ansatz vor Schimmel und bakteriellen Angriffen, bis der Kombuchapilz genügend eigene Säure produziert. Der Säuregrad kann variieren. Er hängt davon ab, welche Tee- und Zuckersorte verwendet wurde und wie gesund der Teepilz ist. Um ihm ein perfektes Umfeld zu bieten, sollte der Ansatz anfangs einen pH-Wert unter 4,6 haben und am Ende zwischen 2,5 und 4,0 liegen.

Der pH-Wert ist ein Maß für den sauren oder basischen Charakter einer Flüssigkeit. Dieser Begriff ist Ihnen vielleicht schon einmal im Zusammenhang mit dem menschlichen Körper oder dem Garten und der Bodenbeschaffenheit begegnet. Günstige Teststreifen zur genauen Bestimmung des pH-Werts Ihres Ansatzes bekommen Sie in Ihrer Apotheke. Im Grunde sind sie aber nicht nötig. So lange Ihr Ansatz säuerlich schmeckt, sind Sie auf dem richtigen Weg.

Ich möchte eine Kombuchapause einlegen. Was muss ich tun?

Im Vergleich zu Kefir ist Kombucha recht robust. Wenn Sie eine Pause brauchen, versetzen Sie den Teepilz in Winterschlaf. Geben Sie ihn in ein sauberes Gefäß und bedecken Sie ihn mit fertigem, nicht aromatisiertem Kombucha. Verschließen Sie das Glas und stellen Sie es bis zum nächsten Ansatz in den Kühlschrank. Walter Trupp von der *Trupp Cooking School* im australischen Melbourne behauptet, seinen Kombuchapilz jahrelang auf diese Weise gelagert zu haben – ohne Probleme.

Welcher Tee eignet sich am besten?

Schwarzer Tee gilt als das beste Medium für die Kombuchaherstellung. Es gibt aber auch viele andere Möglichkeiten. Der Kombuchapilz ernährt sich nicht nur von Zucker, sondern auch von den Tanninen und Polyphenolen, die in Tees aus den Blättern der *Camellia sinensis* enthalten sind. Grüner Tee, weißer Tee und Rooibos-Tee sind gut geeignet. Pu-Erh-Tee besteht aus den Blättern eines chinesischen Teestrauchs, die von den natürlich darauf lebenden Mikroorganismen fermentiert wurden. Auch aus Mate-Tee lässt sich Kombucha herstellen.

Kräutertees enthalten weniger, manchmal gar keine Tannine oder Polyphenole. Kombucha können Sie trotzdem damit herstellen. Allerdings sollten Sie den Pilz nach einigen Runden Kräutertee regelmäßig mit schwarzem Tee ansetzen, damit er neue Nahrung bekommt und gesund bleibt. Sie können ihn auch mit einer Mischung aus schwarzem Tee und Kräutertee ansetzen.

Bei Kräutertees geht Probieren über Studieren. Ich empfehle, Kombucha zunächst mit schwarzem Tee und Zucker anzusetzen. Wenn Ihr Selbstvertrauen und Ihre Ersatzkollektion an Kombuchapilzen gewachsen sind, können Sie mit beliebigen Tees experimentieren. Aber denken Sie daran: Kräutertees enthalten ätherische Öle, die dem Pilz schaden können. Dies gilt zum Beispiel für Pfefferminze, Grüne Minze, Rosmarin, Salbei und bis zu einem gewissen Grad auch die Kamille. Sie eignen sich besser für die zweite Fermentation, dann nimmt der wertvolle Kombuchapilz keinen Schaden. Verwenden Sie nach Möglichkeit ausschließlich Bio-Kräutertees.

Wie sieht es mit dem Koffein aus?

Nach der Fermentation bleibt kaum Koffein übrig. Beim Gärprozess werden ungefähr zwei Drittel davon abgebaut. In seinem Buch *The Art of Fermentation* schreibt Sandor Katz, 100 Milliliter fertiger Schwarztee-Kombucha enthielten 3,4 Milligramm Koffein. Das ist deutlich weniger als im schwarzen Tee. Für die meisten Menschen ist diese Menge unproblematisch. Wenn Sie einen Latte Macchiato allerdings nur riechen müssen, um die ganze Nacht kein Auge zuzutun, folgen hier einige Strategien, wie Sie den Koffeingehalt Ihres Kombuchas senken können.

Den Teebeutel etwa 30 Sekunden lang in heißem Wasser ziehen lassen, herausnehmen, den Tee wegschütten und den Teebeutel anschließend noch einmal überbrühen. Dies halbiert den Koffeingehalt.

Oder sie mischen verschiedene Tee-Sorten. Kombinieren Sie ein Drittel schwarzen Tee mit zwei Dritteln grünem oder weißem Tee. Beide enthalten weniger Koffein.

Nutzen Sie zu guter Letzt auch Kräutertees wie Rooibos. Er ist koffeinfrei und ergibt ein köstliches Getränk. Gönnen Sie Ihrem Kombuchapilz dann jedoch von Zeit zu Zeit einen Ansatz mit reinem schwarzem Tee.

Wie hoch ist der Zuckergehalt?

So manchen schreckt der Zucker im Kombucha. Der aber soll dem Teepilz als Nahrung dienen, nicht das Getränk süßen. Wie es auf der Internetseite *www.culturesforhealth.com* heißt, enthalten 235 Milliliter nicht aromatisierter Kombucha etwa 1 bis 2 Gramm Zucker – eine winzige Menge.

Was hat es mit dem Geruch auf sich?

Am Ende des Fermentationsprozesses sollte Ihr Kombucha etwas nach Essig riechen. Je länger Sie ihn stehen lassen, desto stärker wird der Essiggeruch. Unangenehme Düfte zeigen an, dass Ihr Kombuchapilz nicht gesund ist. Nicht normal ist, wenn es nach Käse und alten Socken oder ranzig riecht. In diesem Fall sollten Sie Ihren Kombuchapilz entsorgen und ganz neu anfangen.

Hilfe! Mein Kombucha prickelt nicht!

Am Kombucha mag ich ganz besonders, dass man am Ende ein herrlich erfrischendes, kohlensäurehaltiges Getränk erhält. Während der Fermentation versiegelt der Teepilz die Gefäßöffnung und die guten Bakterien und Hefen beginnen, den Zucker im Tee zu verzehren. Bei diesem natürlichen Prozess entsteht Kohlensäure. Wenn Ihr Kombucha nicht prickelt, steht Ihr Ansatz vielleicht schon zu lange. Bei zu langer Gärdauer wird er sauer wie Essig. Der Großteil der Bakterien und Hefen stirbt ab, da die gesamten Nahrungsvorräte (der Zucker) aufgezehrt sind.

Wenn Sie einen prickelnden Kombucha wünschen, dürfen Sie ihn bei der ersten Fermentation nicht zu sauer werden lassen. Machen Sie regelmäßig einen Geschmackstest. Wenn Sie zufrieden sind, füllen Sie den Ansatz für die zweite Fermentation mit Obst, Saft oder Geschmacksträgern Ihrer Wahl in eine luftdicht verschließbare Flasche. Die Hefen erwachen erneut zum Leben, machen sich über den neuen Zucker her und bilden noch mehr Kohlensäure.

Fragen zum Milchkefir

Was ist der Unterschied zwischen Kefirknollen und Kefirferment?

Die Kefirknollen sind die echte Kultur, Kefirferment ist ein Pulver aus Bakterienstämmen und Molke. Es enthält meist etwa sieben verschiedene Bakterienstämme. Bei den Kefirknollen sind es über fünfzig. Beide Starter können mehrfach wiederverwendet werden, aber das Kefirferment verliert nach ungefähr fünf Ansätzen seine Lebensfähigkeit.

Kefirferment kann sinnvoll sein, wenn man nur gelegentlich Kefir ansetzen möchte. Es ist bequemer in der Handhabung. Meiner Ansicht nach erzielt man mit Kefirknollen jedoch ein deutlich besseres Ergebnis. Außerdem macht es viel mehr Spaß!

Ich möchte Kefirpause machen. Was muss ich tun?

Sie haben zwei Möglichkeiten, Ihren Kefirknollen Urlaub zu gönnen. Sie können sie in ein kleines Schraubdeckelglas geben, mit fertigem Kefir übergießen und luftdicht verschlossen im Kühlschrank lagern. Oder Sie können sie gründlich mit gefiltertem Wasser abspülen und bei Zimmertemperatur auf ungebleichtem Pergamentpapier drei bis fünf Tage liegen lassen, bis sie vollständig getrocknet sind. So sind sie luftdicht verschlossen etwa sechs Monate im Kühlschrank haltbar.

Um sie wiederzubeleben, setzen Sie damit einfach wieder Kefir an. Es kann zwei Ansätze dauern, bis ihre volle Vitalität zurückkehrt.

Woran erkenne ich, dass aus meiner Milch Kefir wird?

Die Milch bekommt die Konsistenz von Trinkjoghurt, schmeckt säuerlich und riecht wie hochwertiger Joghurt. Der Säuregehalt lässt sich über die Gärdauer steuern, indem Sie kürzer oder länger fermentieren. Ein verdorben riechender oder schmeckender Kefir ist wahrscheinlich ungenießbar. Sehen Sie in diesem Fall vom Verzehr ab.

Wie muss Kefir schmecken?

Der Geschmack von Kefir ist gewöhnungsbedürftig. Er verändert sich mit der Fermentationsdauer, ist sauer und leicht prickelnd. Kefir eignet sich hervorragend zum Mixen von Smoothies oder zur Verwendung in anderen Rezepten. Falls Sie unsicher sind, kaufen Sie fertigen Kefir, um den Geschmack kennenzulernen. So bringen Sie in Erfahrung, wie er schmecken muss und ob Sie ihn mögen, bevor Sie Zeit in die Eigenherstellung investieren. Selbst gemachter Kefir enthält mehr nützliche Bakterien als gekaufte Sorten und ist deutlich kostengünstiger.

Welche Milchsorten kann ich zur Kefirherstellung verwenden?

Sie können Kuh-, Ziegen-, Schafs- oder Kokosmilch verwenden. Beginnen sie am besten mit einigen Kuhmilchansätzen und experimentieren Sie dann mit verschiedenen Milchsorten. Ich rate, die Kefirknollen jedes zweite oder dritte Mal in tierischer Milch anzusetzen, damit Sie gesund und munter bleiben.

Die Verwendung von H-Milch empfiehlt sich nicht.

Wenn Sie nicht-homogenisierte Milch verwenden können, werden Sie sehen, dass die oberste Kefirschicht gelblich wirkt, da die Sahne nach oben steigt.

Laut der Internetseite *www.culturesforhealth.com* müssen Sie Kefirknollen langsam an die Verwendung von Rohmilch gewöhnen. Achten Sie darauf, dass sie gesund sind und guten Kefir produzieren. Geben Sie dann etwas Rohmilch in den nächsten Ansatz und erhöhen Sie den Anteil nach und nach, bis Sie bei 100-prozentiger Rohmilch angelangt sind. Auf diese Weise können die Knollen die eigenen Bakterien etablieren, ehe sie es mit den Mikroorganismen in der Rohmilch aufnehmen müssen.

Bei meinem Kefir setzt sich Molke ab. Was kann ich tun?

Wenn Sie Kefir länger fermentieren lassen, setzt sich Molke ab. Schütteln oder rühren Sie ihn kräftig durch, um eine cremige Konsistenz zu erhalten. Ist er zu sauer, verkürzen Sie beim nächsten Mal die Fermentationsdauer. Sie können auch versuchen, mit weniger Knollen oder mehr Milch zu arbeiten. Experimentieren Sie, bis Sie das richtige Verhältnis gefunden haben.

Fragen zum Wasserkefir

Meine Kristalle sind verschwunden! Was ist passiert?

Das kann vorkommen, wenn Sie Ihre Kefirkristalle nicht ordnungsgemäß füttern, denn sie sind kapriziöser als die Milchknöllchen. Bekommen sie nicht regelmäßig Futter, können sie sich in dem sauren Getränk auflösen. Leider sind sie dann für immer verloren, und Sie müssen mit neuen Kristallen von vorne anfangen. Eine missglückte Wasserkefirkultur erkennen Sie daran, dass das Zuckerwasser unvergoren und die Mischung süß bleibt.

Warum wachsen und vermehren sich meine Kristalle nicht?

Kefirkristalle sind zweifellos komplizierter als Kefirknollen oder Kombuchapilze - und alle anderen Kulturen. Sie sind empfindlich und wollen häufig gefüttert werden. Tun Sie es nicht, bleibt Ihr Getränk irgendwann unfermentiert. Wenn Ihre Kefirkristalle nicht wachsen, steht der Ansatz vielleicht schon zu lange und sie sind buchstäblich am Verhungern! Dieser Heißhunger ist aber auch ein Vorteil: eine deutlich kürzere Gärdauer!

Kefirkristalle leiden auch unter extremen Temperaturen. Wenn sie nicht wachsen, sind sie vielleicht schon nicht mehr am Leben. Oder sie wachsen nicht, produzieren aber noch guten Kefir. In diesem Fall umwerbe ich sie mit einer getrockneten Bio-Feige und etwas Melasse im Zuckerwasser. So kann ich sie oft zum Wachsen bringen. Falls Sie nicht wissen, ob sie noch in Ordnung sind, lassen Sie Ihren Kefir weiterfermentieren. Riecht das Ergebnis verdorben oder ranzig, arbeiten die Kristalle nicht mehr. Entsorgen Sie sie und besorgen Sie sich neue.

Bezugsquellen

Einen **Kombucha-Pilz, Kefirknollen und Kefirkristalle** können Sie übers Internet bestellen:

Kombucha-Pilz: *www.allesgesunde.de, www.original-kombucha.de* oder *www.wellness-drinks.de*
Kefirknolle: *www.kefirknolle.de, www.kefirkultur.de* oder *www.wellness-drinks.de*
Kefirkristalle: *www.wellness-drinks.de* oder *www.kefirkultur.de*
Kefirferment: *www.pureraw.de*

Alle **weiteren Zutaten**, die Sie nicht in Ihrem Bioladen, Naturkostladen oder Reformhaus finden, können Sie natürlich auch in Online-Shops bestellen. Einige Einkaufsmöglichkeiten finden Sie hier:

Açaibeeren-Pulver in Bio-Qualität: *www.terraelements.de*
Bienenbrot/Blütenpollen: *www.tausendkraut.de* oder *www.vitanatura.de*
Chiasamen: *www.raw-living.de, www.amrita.de* oder *www.tigernuss.de*
Gojibeeren in Rohkostqualität, getrocknet: *www.amrita.de*
Hanfdrink: *www.veganfitness.de*
Kakaonibs in Rohkostqualität: *www.amrita.de* und *www.terraelements.de*
Kokosmilch: *www.natur.com, www.pureraw.de* oder *www.veganfitness.de*
Kokosraspel in Bio-Qualität: *www.amrita.de* oder *www.govinda-natur.de*
Kokoswasser: *www.natur.com, www.rohkostgalerie.de* oder *www.veganfitness.de*
Kurkuma, gemahlen, in Bio-Qualität: *www.govinda-natur.de*
Kurkumawurzel: *www.quinta-shopping.eu*
Löwenzahnwurzeltee: *www.dragonspice.de* oder *www.vitanatura.de*
Maca-Pulver in Bio-Qualität: *www.amrita.de, www.tausendkraut.de* oder *www.inkavital.de*
Mandeldrink: *www.natura.com* oder *www.veganfitness.de*
Manukahonig: *www.natura.com* oder *www.rohkostgalerie.de*
Melasse in Bio-Qualität: *www.rapunzel.de*
Rosenknospen in Bio-Qualität: *www.sonnentor.com*
Rotulmenrinde (nicht zu verwechseln mit der europäischen Feldulme): *www.vitanatura.de*
Spirulina in Bio-Qualität: *www.keimling.de* oder *www.naturkostbar.ch*
Tahin in Bio-Qualität: *www.rapunzel.de*

Über die Autorin

Meg Thompson ist Heilpraktikerin, Köchin, Mutter und Geschäftsfrau, schreibt einen Blog über vollwertige Ernährung und engagiert sich für gesunde Lebensführung. Sie lebt in Melbourne in Australien. Megs Interesse an dem Thema „Gesundheit und Ernährung" prägt ihre Arbeit und ihr Leben. Sie studierte Natur- und Pflanzenheilkunde sowie Ernährungswissenschaft und führt inzwischen eine erfolgreiche Naturheilpraxis. Ihr thematischer Schwerpunkte ist die Verdauung, aber auch die Gesundheit von Frauen und Kindern.

Viele ihrer Patienten kämpften mit Nahrungsmittelallergien und Zivilisationskrankheiten. Da ein Großteil von Megs Arbeit darin bestand, diese Menschen über die Vorteile einer abwechslungsreichen Ernährung mit frischen, vollwertigen Nahrungsmitteln aufzuklären, begann sie, ihre Ansichten über ihren Blog *www.mywholefood romance.com* mit einem breiteren Publikum zu teilen.

Megs Erfahrungen bestätigen den gesundheitlichen Nutzen der Fermentation. Als sie mit exotischen Fermentationskulturen experimentierte, stellte sie fest, wie einfach es ist, fermentierte Nahrungsmittel zur Unterstützung von Verdauung, Immunsystem und allgemeinem Wohlbefinden herzustellen. Dieses Buch ist das Ergebnis ihrer Arbeit und ihrer Forschungen.

Dank

Ich danke meinem wunderbaren Ehemann Mat: Danke für deine Liebe und Geduld - und deine Toleranz für die unzähligen, im ganzen Haus verteilten Gläser mit fermentierten Köstlichkeiten. Ich danke dir, dass du mich inspirierst und mir Mut machst, an mich zu glauben – und für die unendlich vielen Tassen Tee! Du bist großartig, ich liebe dich sehr.

Und ich danke Ivy: Jeden Tag schenkst du mir Freude und bringst mich zum Staunen. Danke, dass du mein Herz erwärmst und mir zeigst, was wirklich wichtig ist.

Einige Menschen haben keine Mühen gescheut, um die Entstehung dieses Buches mit Rat und Tat voranzubringen:

Danke, Jo, für dein stetes Interesse, die richtigen Fragen und die Ermunterung, meine Gedanken auszuführen.

Danke, Miin, für deinen großzügigen Beitrag an Wissen und Erfahrung.

Danke, Emma, für die stete Unterstützung bei all meinen Projekten und dem Leben im Allgemeinen. Du bist sensationell!

Danke, Suzie, für die vielen langen Gespräche zu jeder Tages- und Nachtzeit und dafür, dass du immer auf meiner Seite bist. Außerdem danke ich meiner fabelhaften Familie und allen, die dieses Projekt unterstützt haben: Tausend Dank!

Verzeichnis der Rezepte

Grundrezepte

Milch- und Kokosmilchkefir

Wasser- und Kokoswasserkefir

Kombucha

Fermentierte Limonaden

Kwass & Co.

Honigmet

www.nietsch.de